>EINE KLEINE REISE IST GENUG, UM UNS UND DIE WELT ZU ERNEUERN.«

Kurt Tucholsky

Laaanges
WOCHENENDE

Die schönsten Reiseziele
in Europa

IN NUR DREI STUNDEN
IM URLAUB

*****

Mit Erlebnisgarantie

BRUCKMANN

INHALTSVERZEICHNIS

VORWORT

In der Altstadt von Dubrovnik (1). Am Hafen des idyllischen Städtchens Mousehole in Cornwall (2). Das Rijksmuseum in Amsterdam ist unbedingt einen Besuch wert (3).

VORWORT

Nur ein paar wesentliche Klamotten mitnehmen. Ein Schirm für den Notfall. Die Sonnenbrille und vielleicht auch Sonnenmilch. Bargeld und Kreditkarte, Badelatschen und, je nachdem wo es hingeht, auch einen Schal und eine Mütze. Der Hund oder die Katze werden Nachbarn oder Freunden anvertraut, ist ja nur für ein paar Tage. Ein Taxi zum Flughafen, einchecken – und einfach nur weg. Ein langes Wochenende, aber so richtig volle Tage zum Abhängen und Eintauchen in eine ganz andere, vielversprechende und neue Realität.
Und alles ohne komplizierte Anfahrt. Ein Direktflug oder eine gemütliche Zugfahrt und dann vielleicht mit einem Mietwagen ein wenig herumfahren. An einem kleinen Ort am Meer oder in den Bergen entspannen, in einer Altstadt oder an einer Promenade am Meer flanieren und Leute gucken oder, wer weiß, vielleicht auch kennenlernen.
Ein verlängertes Wochenende, das kann Ihnen jeder Arzt bestätigen, verlängert das Leben, weil Sie Neues schnuppern, Ihr Geist für Überraschungen offen wird, weil Sie unbekannte Leckereien ausprobieren und inspirierende Kunst und Architektur aus mehreren Jahrtausenden zu sehen bekommen. Geist und Körper werden angeregt, die Endorphine machen Purzelbäume und zeigen dem Alltagsfrust einfach die Zunge.

Wir wollen Sie mit unserem neuen Band dazu anstiften, sich verführen zu lassen. Damit Sie nicht auf die nächsten großen Ferien warten, sondern mit einem langen Wochenende kleine, aber volle Ferien machen, angefüllt mit Eindrücken und Faszination. Kurzreisen, die sich schnell und einfach organisieren lassen. An Orte, die in Europa liegen und ohne große Umstände erreicht und besichtigt werden können.

Wir Autoren kennen alle diese Orte, haben sie erlebt und wissen, wovon wir reden. Wandern Sie auf unseren Spuren – und die langen Wartezeiten zwischen den klassischen Sommer- und Winterferien werden kürzer und weniger öde. Und Sie werden erkennen, dass Europa voll ist mit gut zu erreichenden Kurzreisezielen. Mit so vielen verlockenden Orten, dass Sie Jahre bräuchten, um sie alle abzureisen. Hier in unserem Band, bieten wir Ihnen eine Auswahl der schönsten europäischen Wochenendziele für ein richtig laaanges Weekend, von dem Sie garantiert laaaange zehren werden.

Ihr Autorenteam

Historische Gemäuer wie
die Hofburg gehören zu
Wien einfach dazu, auch
als Kulisse zum lockeren
Picknick im Park.

ÖSTERREICH
Bekanntes unbekanntes Nachbarland

Auf den ersten Blick bedient die Alpenrepublik viele Klischees und Postkartenerwartungen, beim Besuch entpuppt sich aber vieles entweder als echt oder es zeigt sich Unerwartetes, denn auch die Österreicher leben nicht in der Vergangenheit oder hinter dem Mond.

In der Mitte ragen schneebemützte Gipfel in den Himmel, flankiert von türkisfarbenen Seen und dichten Wäldern. Im Süden der Steiermark liegen fruchtbare Ebenen mit üppigen Obstwiesen und Feldern, auf denen besondere Ölkürbisse gedeihen. Im Osten, Richtung Ungarn, die steppenartige, Pannonische Tiefebene. Im langen, klimatisch milden Donautal siedelten schon seit der Steinzeit Menschen.

»Felix Austria«, glückliches Österreich, hieß es früher – was für die Natur ebenso gilt wie damals für lange Friedenszeiten, dank der geschickten Heiratspolitik der Habsburger. Über viele österreichische Hänge und Flussufer ziehen sich seit langer Zeit die Weinberge.

Dazwischen pittoreske Dörfer und prächtige Schlösser – wo soll es zuerst hingehen? Zum Glück sind die Entfernungen zwischen Bregenz am Bodensee und Wien an der Donau nicht allzu groß.

DIE TOP 5 ATTRAKTIONEN IN ÖSTERREICH

HOFBURG UND SCHÖNBRUNN
Wenn Räume über Sisi oder Maria Theresia »plaudern«

KULINARISCHES WIEN
Unbedingt das kulinarische Erbe der Vielvölkermonarchie probieren

BURG AGGSTEIN
Grausames Raubrittertum und Mittelalterflair in der Ruine

MARILLENZEIT
Zum Wandern und Marillenverkosten in die Wachau

NEUSIEDLER SEE
Safari in ursprünglicher Schilflandschaft zwischen Zugvogel und Steppenwild

Wenn die sinkende Sonne
Wiens Dächer in goldenes
Licht taucht, bietet eine
geführte Tour über die Dächer
des Stephansdoms ganz
besondere Momente.

Klappernde Pferdehufe sind ein typisches Geräusch in der alten Kaiserstadt: Im Fiaker, den gemütlichen Pferdedroschken, lassen sich der Schlosspark oder die Altstadt bequem erkunden.

1 WIEN Weltstadt im steten Wandel

Der Wiener rennt nicht, heißt es, sondern trinkt lieber erst mal einen Kaffee. Das zeigt sich auch beim Altstadtbummel: Die Menschen haben Zeit, Baudenkmäler und kaiserliches Erbe sind normal, beeindrucken nur Touristen – und allerorten ziehen einen die Kaffeehäuser magisch an. Dort haben über Jahrhunderte Literaten, Philosophen und andere Geistesgrößen ihre Tage verbracht, und auch heute trinkt man dort stilecht Einspänner, Kleinen Braunen oder eine Wiener Melange.

Die Gelassenheit der Einwohner, dazu ein Sinn fürs Morbide, erklärt sich wahrscheinlich durch das wechselhafte Schicksal der Stadt – oft angegriffen, noch öfter wieder auf- und umgebaut. Diese bis heute andauernde Veränderung sollte kennen, wer Wien und die Wiener nur im Ansatz verstehen will: vom Römerlager Vindobona zum mittelalterlichen Handelszentrum, vom Bollwerk gegen die Türken bis zur Kaiserhauptstadt Österreich-Ungarns, von der sowjetisch besetzten Zone bis zur 1,9-Millionen-Metropole einer modernen Republik. Alle haben Spuren hinterlassen im Stadtbild – die Hofburg des Kaisers, der Stephansdom und Schloss Schönbrunn samt Tiergarten, ebenso wie die moderne Donau City, der Sozialbau Karl-Marx-Hof und das herrlich verrückte Hundertwasserhaus. Und dennoch führt manches Geschäft noch immer stolz den Titel »Kaiserlich-Königlicher Hoflieferant« – meist zeigt sich das vor allem beim Preis und in einer gewissen Traditionshaltung.

Wer eine Pause braucht vom Häusermeer, findet trotzdem unzählige grüne Ecken. Neben den offiziellen Parkanlagen bietet auch mancher Gottesacker Ruhe und Erholung. So bummeln die Wiener gern über den Zentralfriedhof mit seinen Ehrengräbern oder über den Friedhof St. Marx aus der Biedermeierzeit.

»ICH MUSS ÜBER DIESE STADT EIN VERNICHTENDES URTEIL ABGEBEN, WIEN BLEIBT WIEN.«
ALFRED POLGAR

In Sachen Kunst und Kultur ist Wien seit Langem ein Zentrum neuer und revolutionärer Ideen, was auch den Besuchern zugutekommt, denn rund ums Jahr gibt es eine riesige und vielfältige Auswahl an Kunst und Kultur: Hier gedeiht experimentelles Theater parallel zum altehrwürdigen Burgtheater, Wien ist Heimat der Sängerknaben und zugleich Zentrum elektronischer Musik. Und gerade im Sommer reizen viele Festivals – wie das Donauinselfest – und spontane Jamsessions in der lauen Abendluft.

TIPP

Direkt unter der Altstadt erstreckte sich lange Zeit ein fast ebenso großes, unterirdisches Netz aus Grüften und Kellern, Wohnungen, Ställen und Werkstätten, Tunnel und raffinierten Luftschächten. Eine unterirdische Stadtführung enthüllt Überraschendes (www.viennawalks.com).

Während es im klassischen Kunsthistorischen Museum (1) eher gediegen zugeht, mit oder ohne Dinner, laden die »Enzis« am grauschwarz aufragenden Museum für Moderne Kunst (2) zur legeren Pause ein.

11 STEPHANSDOM · · · · · · Immer aufrecht

Urplötzlich ragt er auf, beim Schlendern durch Wiens Altstadtgassen: der »Steffl«, offiziell Stephansdom. Gotisch schlank strebt er gen Himmel – das Wahrzeichen der Stadt. Vielleicht am eindrucksvollsten ist der alles überragende Südturm. Rundherum warten Fiaker auf Fahrgäste, im Innern faszinieren die exquisit verzierten Altäre und Kapellen, die hohen Decken und der Domschatz.

TIPP

Lange höchster Punkt der Stadt, bietet der Südturm nach 343 Stufen einen prächtigen Ausblick über Wien. Ganz neue Ein- und Ausblicke wiederum liefert eine Führung über die Domdächer am frühen Abend, www.fuehrungenwien.at/spezialfuehrungen.

12 HOFBURG UND SCHÖNBRUNN

K.u.k-Wohnkultur

Wie Kaisers einst wohnten, vermittelt vor allem die Hofburg in den originalgetreu erhaltenen Gemächern einiger Habsburger, wie Franz Joseph und Sisi. Wesentlich weitläufiger ist das prunkvolle Schloss Schönbrunn, das als Jagdschloss begann und später den vielen Kindern Maria Theresias Platz bot. Im prächtigen Spiegelsaal spielte der junge Mozart, im Westflügel wohnte Franz Joseph erstaunlich spartanisch.

TIPP

Dass Sisi ein damals ganz neues Schönheitsideal anstrebte, zeigen eigens aus Schweden importierte Turngeräte in der Hofburg. Ihre Powerwalking-Strecken im Lainzer Tiergarten stehen heute allen offen.

2

Zum weitläufigen Park von Schloss Schönbrunn (1) gehört auch der älteste bestehende Tierpark der Welt. Ähnlich alt sind wohl die Vorläufer der Sachertorte (2), das Schoko-Marillen-Gedicht der Wiener Küche.

13 MUSEUMSQUARTIER Urbaner Kulturraum

Ein grauschwarzer, strenger Kubus ragt zwischen den hellen historischen Gebäuden auf: Das Wiener Museum Moderner Kunst, mumok, setzt dabei auf dem offenen Platz einen optischen Kontrapunkt. Seit 2001 bietet das MQ auf rund 90 000 Quadratmetern, den wichtigsten musealen Einrichtungen, wie Kunsthalle, Architekturzentrum, Kindermuseum und anderen Häusern des Landes eine Heimat. Auch Musik, Mode, Tanz oder Neue Medien werden präsentiert.

TIPP

Sommers stehen knallbunte Sitzmöbel – oder doch Designobjekte? – rund ums mumok herum. Die preisgekrönten, multifunktionalen »Enzis« sind sehr beliebt und wichtiger Bestandteil des Stadtwohnzimmers, www.mqw.at

14 WIENER KÜCHE Multikulti im Beisel

Schon im 15. Jahrhundert hieß es, Wiener würden dauernd singen und äßen zu viel. Vielleicht, weil die Vielvölkermonarchie auch kulinarisch auf Multikulti setzte und die berühmte Wiener Küche um Knödel aus Böhmen, Gulasch aus Ungarn und das Wiener Schnitzel aus Mailand bereicherte. Unbedingt auch Apfelstrudel, Sachertorte, Kaiserschmarrn oder Buchteln probieren. Und mit offenem Mund über den Naschmarkt bummeln.

TIPP

Gleich doppelt köstlich ist das »Dinner im Museum«: In der prächtigen Kuppelhalle des Kunsthistorischen Museums erlesene Menüs genießen und zum Dessert gibt's die Kunstwerke des Hauses zu sehen, www.genussimmuseum.at

Sonnengeküsste Marillen sind das wohl leckerste Wahrzeichen der Wachau, am besten direkt vom Baum. An den wettergeschützten Hängen der Donauufer finden sie ideale Bedingungen wie sonst nur in Südeuropa.

2 WACHAU Weltkultur auf engstem Raum

Schroffe Basalt-Klippen ragen über der schäumenden Donau auf, Thron für eine Burg oder ein wehrhaftes Kloster. Dann wieder sanft geschwungene Weinhänge und kleine Dörfer ans Ufer geschmiegt – im Donautal zwischen Melk und Krems herrscht nicht nur ein warmes Klima, es vereint Natur, Kultur und Geschichte bis zurück in die Steinzeit. Mautern etwa entstand als römisches Militärlager, in der Burgruine Dürnstein darbte wohl König Löwenherz als Gefangener.

TIPP

Die Wachau lässt sich nicht nur im Auto über malerische Uferstraßen erobern, sondern auch zu Fuß auf dem Welterbe-Steig Wachau (www.welterbesteig.at) oder mit Zug und (E-) Leihfahrrad in Kombination (www.noevog.at/de/wachaubahn, www.wachau.at/e-mobil).

21 MARILLEN Aroma des Sommers

Samtweiche Haut, rosige Wangen: So sieht eine Marille aus, die den geschützten Ehrentitel »Wachauer Marille« verdient hat. Die aromatischen Früchte – zu Deutsch Aprikose – sind die heimlichen Stars entlang der Donau. Ab April liegt ein zartrosa Schimmer über den Hängen, rund 100 000 Marillenbäume beginnen zu blühen. Mitte Juli wird dann geerntet, gekocht, eingeweckt, anderweitig verarbeitet – rund drei Wochen lang. Doch am leckersten sind Marillen frisch gepflückt, vom Bauern am Straßenstand.

TIPP

Zur Ernte kommen Feinschmecker von weit her, denn die Restaurants kredenzen die Frucht in Torten, Strudeln, Knödeln oder auch Schinken. Beliebte Mitbringsel sind Marillenmarmelade und -likör.

Hunderte Meter in die
Tiefe und weit in die Ferne
überblickt die Ruine Aggstein
das Tal der Donau.

Heute bieten die alten Mauern der Burg Aggstein Platz für Mittelalter-Revivals und für einen wildromantischen Ausguck (1). Barocke Pracht bis in die Treppenhäuser hinein: Das Stift Melk auf seinem Klosterfelsen blickt auf eine wechselhafte Geschichte zurück – sein Status als Wahrzeichen der Wachau blieb unangetastet (2). Das Steiner Tor in Krems wirkt fast wie eine Kirche – die zugehörige Stadtmauer ist längst gefallen (3).

23 STIFT MELK Barocke Pracht in XXL

Wem hier der Atem stockt, der mag den Hauch Gottes spüren – oder es rauben ihm die schieren Ausmaße und die Pracht von Österreichs größtem Barockkloster die Luft. Zu den heiligen Hallen samt Stiftskirche gehören eine uralte Bibliothek, eine Schule, große Parkanlagen und unzählige Anekdoten. Größter Schatz ist aber ein Splitter von Christi Kreuz. Beim Bummel durch die Altstadt von Melk, dem Tor zur Wachau, können sich Besucher in der Sterngasse, bei der Alten Post oder im Brotladen stärken.

TIPP

Zu Pfingsten laden Musiker aus aller Welt zu den »Barocktagen Stift Melk« ein. Wer tiefer ins Klosterambiente eintauchen will, bleibt über Nacht oder für eine Auszeit, im schlichten Gästehaus, www.stiftmelk.at

22 AGGSTEIN Raubritterhort mit Aussicht

Von der mächtigen Ruine aus hat der Besucher hoch über der Donau einen fantastischen Weitblick. Der kahle Felsvorsprung vor der Burg mit dem klingenden Namen »Rosengärtchen« diente als grausames Freiluft-Verlies. Viele Jahrhunderte lang wurde das Gemäuer immer wieder erobert, zerstört und wieder aufgebaut. Mittelaltermärkte heute bringen das entsprechende Flair zurück.

TIPP

Schon Steinzeitmenschen schätzten die fruchtbare Region. Nahe der Burg entdeckte man die üppig gerundete »Venus von Willendorf«, Infos im Venusium, www.willendorf.info

24 KREMS Kunst, Kultur und Weißwein

Verwinkelte Seitengassen mit Kopfsteinpflaster, großzügige Arkaden und sehenswerte Innenhöfe – und hinter fast jeder Ecke scheint eine Kirche zu warten. Beim Durchschlendern entpuppt sich die Kremser Altstadt im Osten der Wachau bald als eine der beliebtesten Flaniermeilen des Landes, flankiert von zahlreichen Museen: Zur Kunstmeile von Minoriten- bis Dominikanerplatz zählen die Kunsthalle, das Museum der Stadt, das Karikaturmuseum, die futuristische Landesgalerie und zahlreiche weitere Galerien.

TIPP

Österreichs Weißweinhauptstadt bietet auch zwei große Wein-Erlebniswelten: die Sandgrube 13 wein.sinn am Stadtrand, www.winzerkrems.at, und die Weinwelt Loisium in Langenlois, www.loisium.at

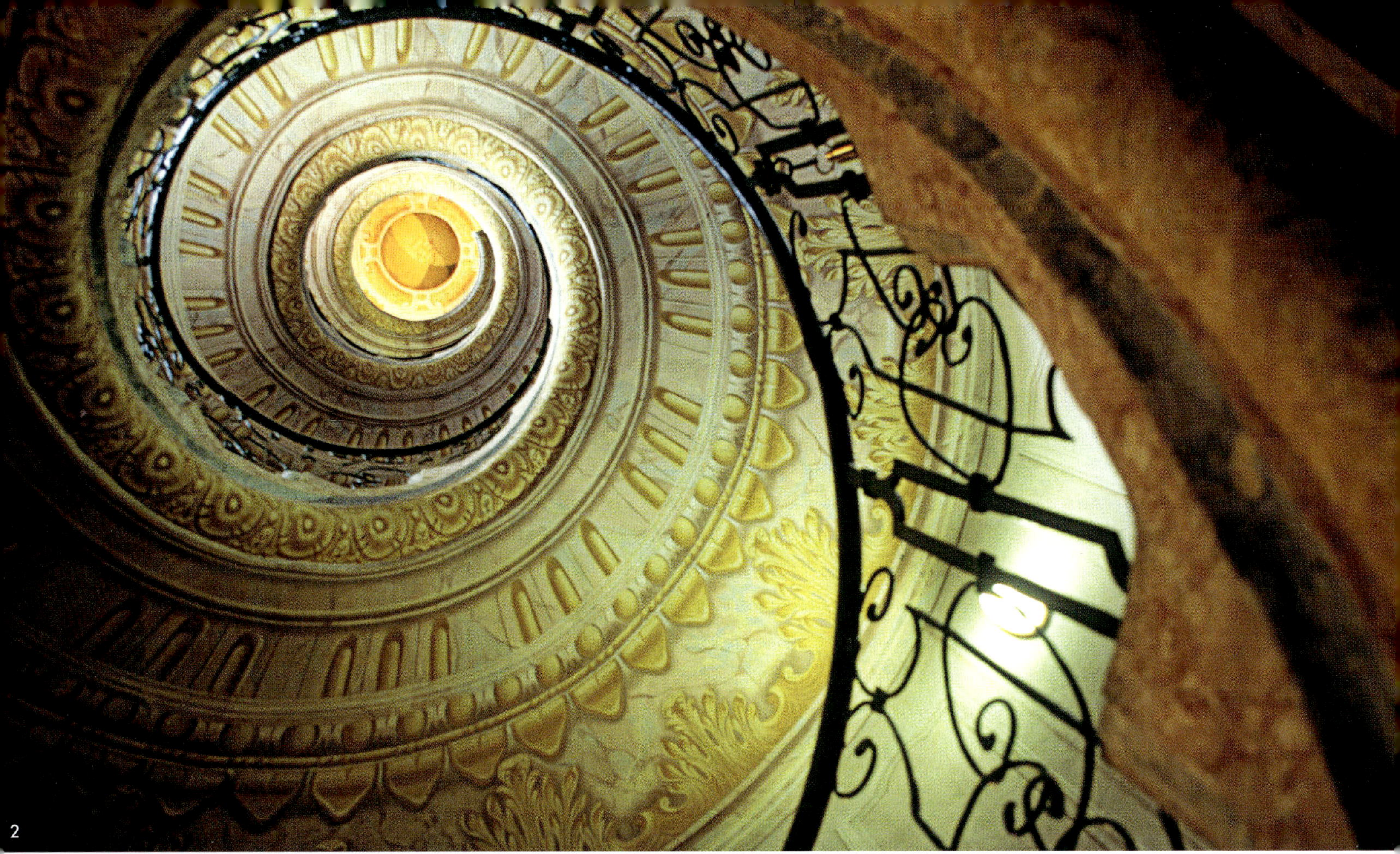
2

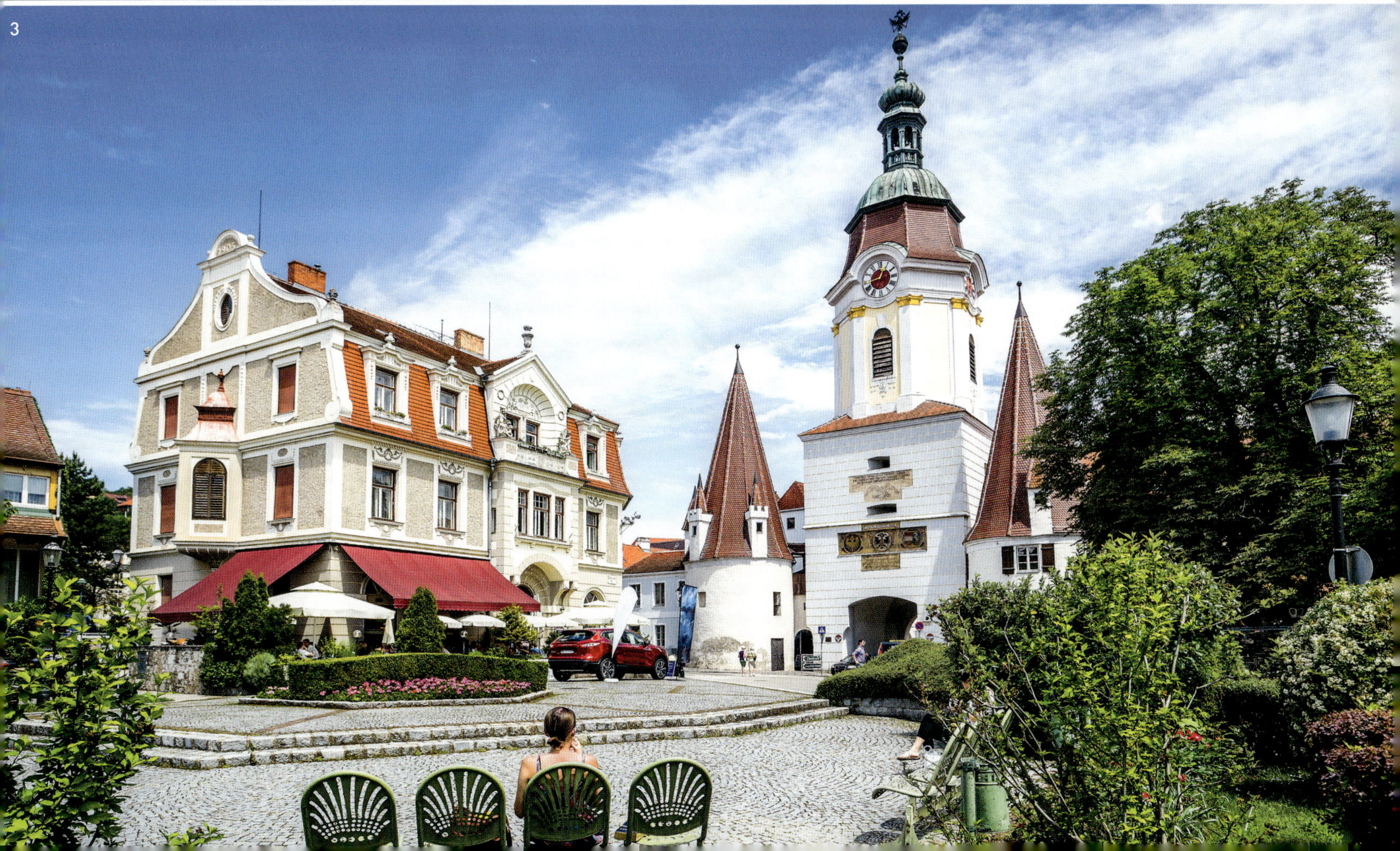
3

Im Nationalpark am Ostufer fühlen sich Steppenrinder ebenso wohl wie unzählige Vögel (1), während an windigen Tagen Wind- und Kitesurfer das Gewässer selbst bevölkern (2). Ruhiger geht's auf dem historisch bedeutsamen Schloss Esterházy in Eisenstadt zu (3).

3 NEUSIEDLER SEE Nationalpark

Dichtes Schilf raschelt im sachten Wind, ganze Vogelschwärme pendeln zwischen Himmel und Uferstreifen, urige Steppenrinder stapfen käuend durch die Wiesen. Wenn dann abends die Sonne sinkt, stimmen auch Grillen und Unken ins Sommerkonzert ein – ist das wirklich Österreich? Hier ganz im Osten des Landes ist das Klima warm und trocken, ähnlich der ungarischen Steppe gleich nebenan. Und mittendrin der riesige, aber ganz flache Neusiedler See, dessen Ostufer als Nationalpark geschützt ist.

TIPP

Auf Safari mit einem Ranger offenbart sich rund ums Jahr eine sehr vielfältige Tierwelt, neben Ziesel, Smaragdeidechse und Goldschakal gibt es allein 350 Vogelarten, www.nationalpark-neusiedlersee-seewinkel.at

3.1 AKTIV AM SEE Kultur und Sport

Bis zum Horizont, nämlich 33 Kilometer lang, doch nur bis anderthalb Meter tief, reicht Europas westlichster Steppensee – wenn es denn genug geregnet hat. Das macht ihn aber zum idealen Segel-, Surf- und Badesee. Bald jedes Örtchen am Ufer hat ein entschilftes Strandbad und lädt zum Aktivsport oder Angeln ein. Alle paar Winter friert das Gewässer sicher zu, was Schlittschuhwanderungen und Eissegeln möglich macht. Im Sommer blüht die Kultur auch entlang des Ufers, etwa mit den Seefestspielen Mörbisch.

TIPP

Eine Radtour auf gut ausgebautem Weg rund um den See, 135 Kilometer lang, führt im Süden auch durch Ungarn. Sie ist natürlich auch in Etappen machbar, wer abkürzen will, nimmt die Fähre, www.neusiedlersee.com

3.2 EISENSTADT

Esterházy und Haydn

Diese beiden Namen prägen Österreichs kleinste Landeshauptstadt. Das Schloss der Fürstenfamilie, einst eine Wasserburg, prägt auch heute, nach vielen, mal barocken, mal streng klassizistischen, dann wieder biedermeierlichen Umbauten die Stadt. Hier wirkte der Komponist drei Jahrzehnte als Kapellmeister – der prunkvolle Konzertsaal hat, akustisch gesehen, Weltklasse. Das nahe Haydn-Haus zeigt sein Leben und rare Instrumente, seine Knochen ruhen in der Bergkirche – sein Kopf allerdings erst seit 1954.

TIPP

Zum Spazieren lädt der riesige Gartenpark, der vom kleinen Burgpark zum französischen Rokokogarten und schließlich zum englischen Landschaftspark avancierte, ein. Samt Schloss ein Spielort von Konzerten, www.esterhazy.at

3

SCHWEIZ

Ansteckende Vielfalt in Berg und Tal

Die Schweiz begeistert mit ihrer unglaublichen Fülle an Möglichkeiten, die aufgrund der geringen Entfernungen gut kombiniert werden können. Die Bergwelt vom Berner Oberland oder die Seen der Zentralschweiz liegen nur einen Katzensprung von Zürich, Basel oder Bern entfernt.

Zwischen den Städten mit ihren mittelalterlichen Gassen und Türmchen präsentiert sich eine Bilderbuchlandschaft aus saftigen Wiesen und spärlich bebauten Hügeln vor einer eindrucksvollen Bergkulisse vom Jura bis zu den Alpen. Die Einwohner trotzen der Hektik des Tagesgeschäfts durchaus erfolgreich, sogar im kosmopolitischen Zürich mit seinen Banken und internationalen Konzernzentralen. Ein sehr gut ausgebautes Eisenbahnnetz bringt Reisende rasch in die Bergregionen der Kantone Bern, Wallis oder Graubünden. Unzählige Bergbahnen ermöglichen eine grandiose Aussicht auf Dreitausender und Gletscherlandschaften. Im Tal locken türkisfarbene Seen wie der Vierwaldstätter See bei Luzern oder der Genfer See mit seinen prächtigen Hotels aus der Belle Époque. Es gibt viel zu erleben in der immer noch beschaulichen Eidgenossenschaft.

Eingangstor in die Tessiner Seenwelt: Luganos Palastgärten überblicken den Luganer See und die umliegenden Berge.

DIE TOP 5 ATTRAKTIONEN IN DER SCHWEIZ

VIERWALDSTÄTTER SEE UND LUZERN

Postkartenidylle in der Zentralschweiz für Ausflüge ins Herz des Landes

BERNER OBERLAND

Von der Hauptstadt in die berühmte Bergwelt bis zum Jungfraujoch

ZÜRICH

Charmante Wirtschaftsmetropole mit pulsierendem Flair in alten Gassen

GENFER SEE

Die Schweizer Riviera mit ihren Weinhängen reicht von Genf bis zum Jazzmekka Montreux

LUGANO

Die Vielfalt des Tessin mit palmengesäumten Seen oder einer wilden Bergwelt

Verwinkelte Gassen und pittoreske Türmchen in der Basler Altstadt am südlichen Rheinufer (1). Hier schlägt die Stunde: vom mittelalterlicher Zytgloggeturm von Bern (2). Die prächtige St.-Ursen-Kathedrale ist das Wahrzeichen der Barockstadt Solothurn (3).

11 SOLOTHURN Perle des Barock

Wie im Mittelalter säumen Tore die Altstadt mit ihren Zunfthäusern, Figurenbrunnen und Türmchen, prägend ist allerdings der Barockstil. So ist im barocken Landsitz Blumenstein das historische Museum untergebracht, das die Geschichte und den Alltag der Menschen in der Stadt und den angrenzenden Gemeinden dokumentiert. Seit 500 Jahren hat Solothurn eine besondere Beziehung zur Zahl Elf: es gibt elf Kirchen, elf Brunnen, elf Museen, Elf Türme und eine öffentliche Uhr mit nur elf Zahlen auf dem Zifferblatt.

TIPP

Aus dem Val de Travers im Kanton Jura stammt der Treibstoff der Dichter, Maler und Denker des Jugendstils: der Absinth. In Solothurn thematisiert die Bar »Die Grüne Fee« das geheimnisvolle Getränk, www.diegruenefee.ch

1 BASEL Kultur und Fasnacht

Die drittgrößte Stadt der Schweiz ist mehr als FC Basel und die Pharmagiganten. Im Dreiländereck von Frankreich, Deutschland und der Schweiz, auf beiden Seiten des Rheins gelegen, verschmelzen die gegensätzlichen Eindrücke zu einem besonderen Stilmix. Kaum eine Schweizer Stadt kann mit solch einer Vielfalt an Museen und Galerien aufwarten. Dabei ist der Basler sehr eigensinnig – besonders zur Fasnacht am Montag nach Aschermittwoch, wenn der »Morgestraich« um vier Uhr früh verrückte Tage mit allerlei Musikkapellen einläutet.

TIPP

Bekanntestes Produkt aus Basel sind die Läckerli: diese speziellen, harten Lebkuchen sind der Dauerbrenner im Läckerli-Huus, zusammen mit Baselbieter Rahmtäfeli oder Pfefferkuchen, www.laeckerli-huus.ch

12 BERN Die Bundesstadt in aller Ruhe

Wo die Aare eine eigenartige Schleife wie um eine Halbinsel zieht, pocht das politische Herz der Schweiz. Die schmucke Altstadt von Bern mit ihrem geschlossenen architektonischen Ensemble mittelalterlicher Bauten wie dem Zytgloggeturm oder dem Einsteinhaus steht unter dem Schutz der UNESCO. Sechs Kilometer lange Arkaden schützen hingegen eine der längsten Einkaufspromenaden vor Wind und Wetter. Bern strahlt Gemütlichkeit aus. Die Bären aus dem 2009 eröffneten Bärenpark machen es vor: Hier lässt man sich mit allem etwas mehr Zeit.

TIPP

Starke Kontrastwelten: Mit drei geschwungenen Hügeln aus Stahl und Glas markierte Stararchitekt Renzo Piano das interdisziplinäre Zentrum Paul Klee zu Ehren des bedeutenden Berner Künstlers, www.zpk.org

Zürcher Augustinergasse nahe
der Bahnhofstrasse inmitten
der Finanzmetropole.

13 ZÜRICH Kleinste Großstadt der Welt

Das Zürcher Zentrum kommt ohne Wolkenkratzer aus, stattdessen säumen die Banken und Versicherungen eine der teuersten Einkaufsmeilen der Welt, die flaggengeschmückte Bahnhofstrasse. Die größte Schweizer Stadt ist ein multikultureller Schmelztiegel mit hoher Lebensqualität. Universität und Grossmünster flankieren die Altstadt zu beiden Seiten der Limmat, die am Opernhaus in den Zürichsee mündet.

TIPP

Ganz im Trend und doch tief verwurzelt: In fünfter Generation lädt das Haus Hiltl, ältestes vegetarisches Restaurant Europas, zum indisch angehauchten Buffet an mehreren Standorten ein. www.hiltl.ch

14 RAPPERSWIL Rosenstadt am Zürichsee

Kleine wohlhabende Orte säumen das nördliche Ufer des Zürichsees, gerne auch »Goldküste« genannt. Highlight ist das mittelalterliche Städtchen Rapperswil mit überraschend großem Schloss, einladender Promenade und kleinem Jachthafen. In den Gärten beim Kapuzinerkloster blühen von Mai bis Oktober mehr als 20 000 Rosen. Idealer Halbtagesausflug, z. B. mit dem Fondueschiff vom Zürcher Bürkliplatz aus.

TIPP

Der Ort liegt seit jeher auf der Route der Jakobspilger. Dazu gehört auch die Brücke von Rapperswil, die auf 233 Pfählen stehend über den Zürichsee bis nach Hurden führt, www.rapperswil-zuerichsee.ch

15 LUZERN Postkartenidylle

Die Leuchtenstadt bezaubert Reisende mit einer Bilderbuchansicht von der Flanierpromenade mit den großen Hotels über die historischen Raddampfer am See bis zum steil aufragenden Hausberg Pilatus. Stolzes Wahrzeichen ist die hölzerne Kapellbrücke über die Reuss, an deren Ende pittoreske Altstadtgässchen zum Bummeln einladen. Nicht verpassen: das Löwendenkmal im Gletschergarten und das Bourbaki-Panorama, ein riesiges Rundgemälde.

TIPP

Technik zum Anfassen: Im Verkehrshaus können Besucher eine Gotthardlokomotive lenken, einen Weltraumflug nacherleben oder durch die Welt der Schokiherstellung düsen. www.verkehrshaus.ch

Blick über das Rosenstädtchen Rapperswil auf den Zürichsee und den Damm, der beide Seiten verbindet (1). Die holzgetäfelte Kapellbrücke überquert die Reuss im Zentrum von Luzern (2).

16 WALENSEE Seenwelt im Osten

Eine Perle der Schweizer Seen liegt zwischen Zürich und Chur: der 145 Meter tiefe, türkisfarbene Walensee erstreckt sich zwischen Autobahn und den steil aufragenden Churfirsten. Im Gegensatz zum Vierwaldstädter See ist hier eine Schifffahrt von Weesen bis nach Walenstadt wesentlich entspannter. Das Freizeitangebot reicht von Klettern und Kitesurfen bis zum Gleitschirmfliegen – insgesamt immer noch ein Geheimtipp.

TIPP

Auf den Spuren von Johanna Spyris berühmtem Roman »Heidi« in Maienfeld oberhalb vom Walensee erhält man einen Eindruck vom Leben auf der Alm, www.heididorf.ch

2 GENF Stadt des Friedens

Genf, am westlichen Zipfel des Genfer Sees und vor der spektakulären Kulisse des Mont Blanc gelegen, ist Sitz der Vereinten Nationen. Das verleiht der Stadt, obwohl sie nur 200 000 Einwohner zählt, ihr internationales Flair. Die Altstadt rund um die hügelige Place du Bourg-de-Four ist geprägt von kleinen Restaurants und gemütlichen Bars. Ihr Wahrzeichen ist die weithin sichtbare, 140 Meter hohe Wasserfontäne im See.

TIPP

Vor dem öffentlich zugänglichen Palais der Vereinten Nationen wehen unzählige Flaggen nebeneinander im Wind und demonstrieren so die Gleichberechtigung der Völker, www.unog.ch

21 LAUSANNE Lässige Sportmetropole

Über viele Hügel und Terrassen erstreckt sich die Hauptstadt des Kantons Waadt mit hübscher Aussicht bis zum nördlichen Ufer des Genfer Sees. Nicht nur das Kulturleben und eine pulsierende Altstadt mit malerischen Gassen zieht Einheimische wie Gäste an, Lausanne gilt auch als kulinarisches Eldorado. Hier gibt es die einzige Schweizer U-Bahn. Sie führt bis hinunter an die Gestade des Sees mit Jachthäfen und mondänen Hotelbauten.

TIPP

Das Olympiamuseum im Viertel Ouchy, direkt am Ufer des Genfer Sees, dokumentiert anschaulich die Rolle des Sports in der Gesellschaft, www.olympia.org/museum

Die Regenbogenfontäne Jet d'eau ist das Wahrzeichen von Genf (1). Die Statue von Freddie Mercury überblickt den Genfer See am Ufer von Montreux (2). Das Weingebiet Lavaux mit seinen Terrassen und Winzerdörfern gehört zum UNESCO-Weltkulturerbe (3).

22 LAVAUX Weinkultur über dem See

Die UNESCO zählt das 40 Kilometer lange Lavaux, eine Kulturlandschaft, die von Lausanne bis nach Vevey reicht, zum Welterbe. Mit einer Anbaufläche von rund 800 Hektar und beschaulichen Winzerdörfern ist das terrassenförmig angelegte Weinanbaugebiet eines der Highlights der Schweiz. Mehr als fünf Millionen Liter weißer Chasselas sowie roter Blauburgunder und Gamay werden hier jährlich abgefüllt.

TIPP

Von April bis Oktober fährt die kleine Touristenbahn »Lavaux Express« auf mehreren Routen zwischen Cully und Lutry durch das Lavaux. Das Tempo passt zum behutsamen Tourismus der Region, www.lavauxexpress.ch

23 MONTREUX Jazz und Queen an der Riviera

Der sehenswerte Kurort mit mondänen Bauten wie dem berühmten Le Montreux Palace steht seit mehr als 50 Jahren immer im Sommer besonders im Fokus: Bis zu 200 000 Besucher kommen zum berühmten Montreux Jazz Festival, das zu großen Konzerten und kleinen Jamsessions von Blues über Rock bis hin zu Swing und Jazz einlädt. Im Nachbarort Vevey verbrachte einst Charlie Chaplin seinen Lebensabend.

TIPP

Freddie Mercury und Queen haben im Casino mehrere Alben aufgenommen, darunter das letzte gemeinsame Werk »Made In Heaven«. Die Besichtigung der Studios ist möglich, www.mercuryphoenixtrust.com/studioexperience

Die Villa Emden inmitten des Botanischen Gartens auf der größeren der beiden Brissago-Inseln (1). Angelfreuden am Luganer See außerhalb von Lugano (2). Kleine Dörfer aus Schiefer mit mittelalterlichen Brücken im rauen Verzasca-Tal (3).

3 LUGANO Heimliche Hauptstadt

Das abwechslungsreiche Tessin gilt vielen als Sonnenstube der Schweiz. Die größte Stadt Lugano am gleichnamigen See zeigt sich weltoffen und lebendig. Im Zentrum laden Boutiquen zum Stöbern ein, während die Cafés auf den Piazzi Ferienatmosphäre ausstrahlen. Ein Selfie mit Aussicht? Der Hausberg Monte Brè ist mit der Zahnradbahn einfach zu erklimmen, der Monte San Giorgio hingegen gehört wegen der dort gefundenen, ausgezeichnet erhaltenen Skelette von Meeressauriern zum UNESCO-Weltnaturerbe.

TIPP

Gandria am Fuße des Monte Brè wurde längst eingemeindet, wirkt mit seinen terrassenförmig angelegten Gassen jedoch wie ein verträumtes Dorf. Das Zollmuseum dokumentiert den Schmuggel an der Grenze zu Italien, www.zollmuseum.ch

3.1 BRISSAGO Inseln im Lago Maggiore

Ob von Ascona oder Locarno, es verkehren regelmäßig kleine Ausflugsschiffe bis zur Doppelinsel Brissago. Die Grande Isola, die größere der beiden Inseln, beherbergt heute den Botanischen Garten des Kantons Tessin: Es gedeihen dort, dank des mit Abstand wärmsten Klimas der Schweiz, 1 700 Pflanzenarten vom Mittelmeer bis zu den Subtropen, sogar einen Palmenwald gibt es. Die naturbelassene kleinere Isola Piccola ist weitgehend naturbelassen und nicht zugänglich.

TIPP

Der edle Palazzo der Villa Emden wirkt wie ein Kontrapunkt zur herrlich wilden Gartenwelt der Insel. Die Terrasse des hauseigenen Restaurants lockt mit einer fantastischen Aussicht auf den See, www.isolebrissago.ch

3.2 VERZASCA .... Tal in rauer Bergwelt

Tosende Wasserfälle spülen erfrischendes Nass von still aufragenden Hängen herunter und ergießen sich in den Fluss Verzasca, der dem 25 Kilometer langen Tal seine Form gibt. Über Jahrhunderte nur schwer erreichbar, konnte das Tal Valle di Verzasca einen authentischen, ursprünglichen Eindruck bewahren. Hier siegt die Natur noch über die Menschen. Ein Paradies für Wanderer mit vereinzelten Schutzhütten für Mehrtagesetappen in teilweise unberührter Natur.

TIPP

Ein Muss: Die berühmte Brücke Ponte dei Salti mit dem charakteristischen Doppelbogen ist der wohl am häufigsten fotografierte Ort im ganzen Tessin. Von Lavertezzo aus in zehn Minuten zu Fuß erreichbar, www.verzasca.ch

3

Die Ligurische Küste: zauberhafte kleine Ortschaften, aufgereiht wie Perlen an der bergigen, grün bewachsenen Küste.

ITALIEN
Zwischen Alpen und Mittelmeer

»Kennst du das Land, wo die Zitronen blühen?« Goethe war wohl der Erste, der Italien unter den Deutschen so richtig populär machte. Kein Wunder! Kein anderes Land Europas bietet so viel Kunst und Natur, so viel abwechslungsreiche Landschaften und tolles Essen auf so engem Raum.

Italien fasziniert mit hohen Bergen in den Alpen, mit Traumstränden auf Sardinien, gigantischen griechischen Tempeln auf Sizilien und den Ruinen luxuriöser Villen in Pompeji. Rom, Florenz, Venedig und Genua sind kunsthistorische Schatzkisten. Im 18. und 19. Jahrhundert blieben Italienreisende deshalb gleich mehrere Monate. Sie nahmen sich viel Zeit, um die Fülle historischer Denkmäler anzuschauen. Heute reichen mehrere klug geplante Wochenendausflüge, um einen lebhaften Eindruck von den schönsten Orten und Landschaften zu bekommen. Nicht zu Unrecht ist Italien ja das Land mit den meisten UNESCO-Weltkulturgütern! Und so faszinieren nicht nur die an Kunst und Architektur reichen historischen Städte, sondern auch kleine und pittoreske Orte, archäologische Grabungsstätten mitten im Grünen und wilde Naturlandschaften zum Erwandern.

DIE TOP 5 ATTRAKTIONEN IN ITALIEN

PORTOFINO
Traum von einem Dorf am Meer

MERAN
Südtirol von seiner Schokoladenseite

ROM
Mehr als 3000 Jahre Kulturgeschichte

HADRIANSVILLA
Die größte Kaiservilla ganz Italiens

AQUILEIA
Kleinstadt mit großer Geschichte

1 GENUA

Altstadt ohne Massentourismus

Die Hafenstadt an der Ligurischen Riviera ist längst nicht so überlaufen wie Venedig, über Jahrhunderte hinweg Genuas politische und wirtschaftliche Konkurrentin im Mittelmeer. Wochenendbesucher müssen also nicht lange anstehen, um mittelalterliche Kirchen, faszinierende barocke Paläste und vor Kunst nur so strotzende Museen zu besichtigen. Vor allem in der eleganten Via Garibaldi reiht sich ein prachtvoller Palazzo an den anderen. Hier residierten einst die ersten Familien der Stadt, die übrigens, wie Venedig, von einem Dogen regiert wurde. Fast alle bedeutenden Paläste sind heute Museen und Kunstgalerien mit barocken Sälen und Fresken- decken. Immer wieder stößt der Besucher dabei auf Anthonis Van Dycks zahllose Porträts, mit denen er im 17. Jahrhundert Genuas Adel belieferte. Zudem sind von Genua aus mit dem Auto schnell zauberhafte kleine Fischerorte zu erreichen.

TIPP

Das moderne Aquarium von Genua ist das drittgrößte Europas und unbestritten das Beste, um den Tier- und Pflanzenreichtum des Mittelmeers zu bewundern. Faszinierend ist auch das Kolibrihaus, www.acquariodigenova.it

Genua: Ganz viel Mittelalter und Barock in einem der am besten erhaltenen historischen Stadtzentren Europas.

Manarola wirkt wie ein Amphitheater direkt am Meer (1). Herausgeputzt wie eine Diva: Portofino ist das Jetset-Dorf an der Riviera (2). Rivieraverliebte Briten legten, wie hier in Bordighera, Ende des 19. Jh. gleich mehrere botanische Gärten an (3).

12 CINQUE TERRE Italiens Traumküste

Die fünf Fischerorte, Cinque Terre, sind bequem mit dem Auto oder einem Bummelzug abzufahren, wobei man sich für solch einen Ausflug einen ganzen Tag Zeit lassen sollte. Vernazza, in einer kleinen Bucht gelegen, mit seinen ungewöhnlich hohen und bunten Häusern, ist vielleicht der schönste der fünf Orte, während Manarola ganz von Weinbergterrassen umgeben ist. Vom Bahnhof aus führt ein leichter Wanderweg zu herrlichen Aussichtspunkten, mit Blick auf die zerklüftete Meeresküste und die einzelnen Dörfer.

TIPP

Am schönsten ist es, die Cinque Terre gemächlich an der Küste entlang mit dem Schiff oder Boot abzufahren. Erst vom Meer aus ist zu erkennen, wie harmonisch sich die Orte in die Küstenlandschaft einfügen. www.bestofcinqueterre.com

11 PORTOFINO Bühnenbild zum Bummeln

An einem der reizvollsten Abschnitte der ligurischen Küste vereinen sich ein felsiges zerklüftetes Vorgebirge, das weiche Licht der Riviera, ein zartblauer Himmel und ein herausgeputzter Zwerghafen zu einem charmanten Örtchen: Farbenfrohe historische Gebäude im Hafen, Luxushotels und eine herausgeputzte Uferpromenade mit schicken Bars und Restaurants. Ein Abendklassiker: ein Rundgang im Hafen, um sich die vor Anker liegenden Jachten des internationalen Jetsets anzuschauen.

TIPP

Von Portofino aus nur zu Fuß oder per Boot zu erreichen ist die in einer baumbestandenen, romantischen Bucht gelegene, uralte Abbazia di San Fruttuoso – ein verwunschener Ort. www.sanfruttuoso.eu

13 BORDIGHERA Charme der Belle Époque

Blumenbeete, Palmenhaine und prächtige Villen reicher Briten, die sich hier im 19. Jahrhundert wegen des auch im Winter milden Klimas niederließen. Die Stadtväter von heute tun alles, um das historisch-elegante Image Bordigheras und den Charme der Belle Époque zu pflegen. Der wegen seiner luxuriösen Villen und üppigen Gärten berühmte Lungomare Argentina, ein sehr zu empfehlender Spazierweg direkt am Meer, wurde von Eva Peron eingeweiht, die hier, wie viele andere Prominente, Ferien machte.

TIPP

1910 schuf der Botanikliebhaber Bartolomeo Pallanca bei Bordighera einen exotischen Garten mit mehr als 3000 subtropischen Pflanzen und Bäumen. Allein die Sammlung verschiedener Kakteen ist umwerfend. www.pallanca.it

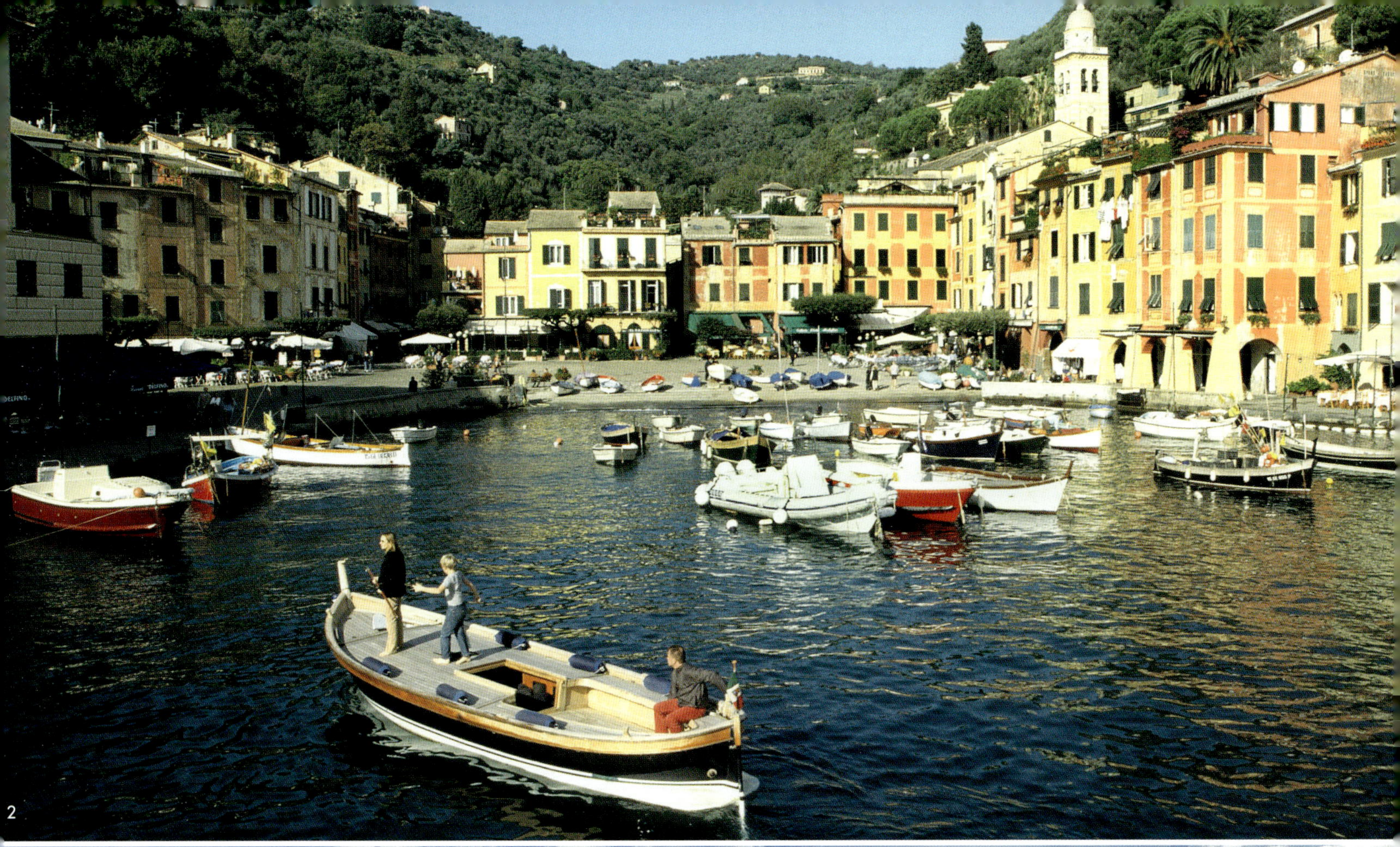
2

3
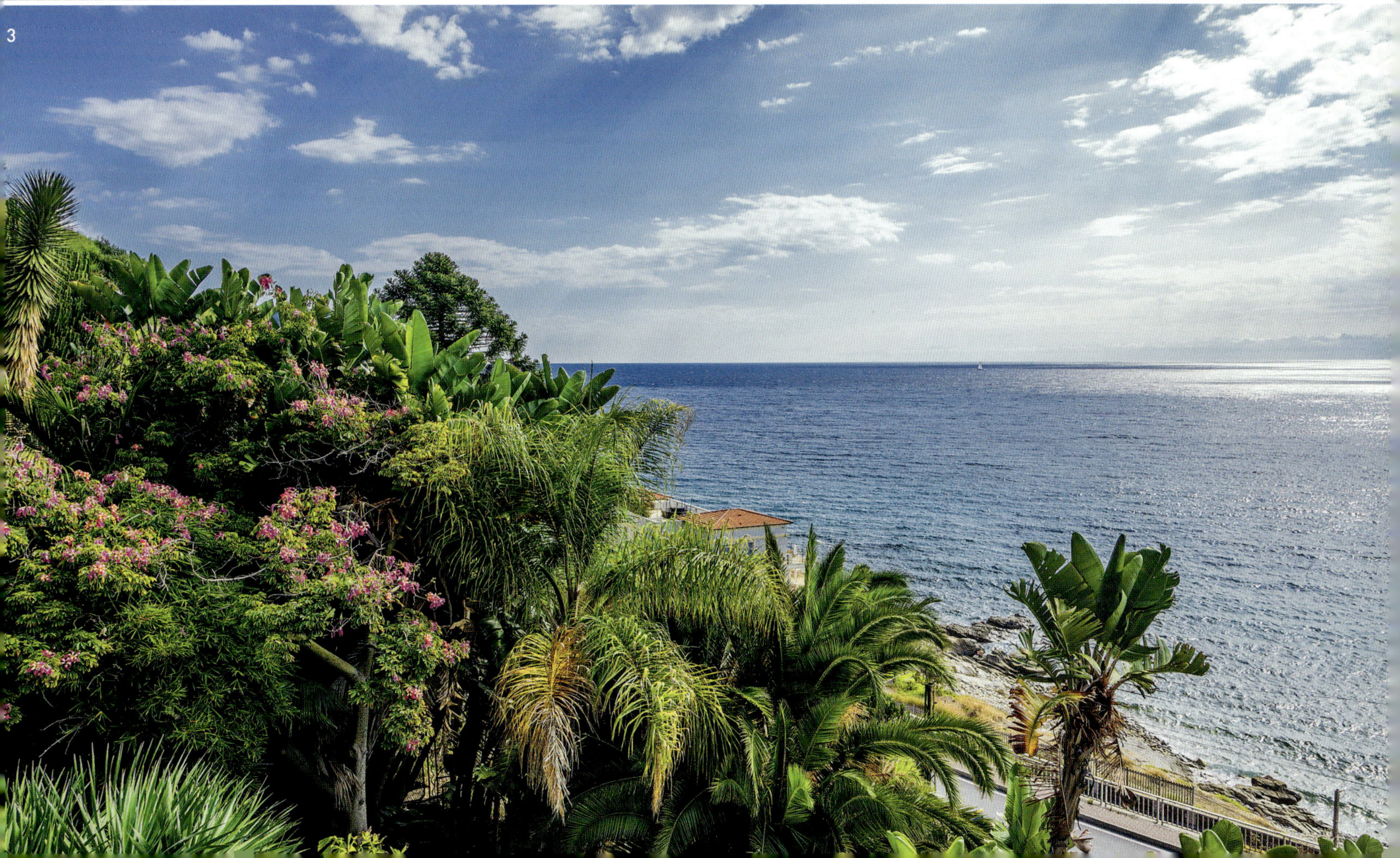

Mittelalter und Renaissance dominieren das Zentrum im malerischen Trento (1). Der Ritten: Ein Traum von einer Alpenlandschaft (2). Auf den Flaniermeilen direkt an der Passer entlang, vorbei am eleganten Kurhaus von Meran (3). Mediterranes Lebensgefühl am Kalterer See (4). Das MART zeigt die Kunst der klassischen Moderne und der Avantgarde (5).

2 TRENTINO Geheimtipp Trento

Umgeben von steilen Bergen und sanften Hügeln, auf denen Wein und Obst angebaut werden, liegt die Kleinstadt Trento. Deutsche und italienische Einflüsse sowohl in der Architektur als auch in der Küche bemerkt und schmeckt man sofort. Zu besichtigen gibt es viel. Nicht nur den reich mit Kunst verzierten Dom und die mächtige mittelalterliche Burg Castello del Buon Consiglio, sondern auch idyllische Plätze, wie etwa die Piazza del Duomo, auf der man ab 18 Uhr beim traditionellen Aperitif schnell Einheimische kennenlernt.

TIPP

Trentiner Leckereien vom Feinsten serviert das Scrigno del Duomo am Domplatz: Canederli, typische Trentiner Semmelknödel mit Käse und Hasenragout zum Beispiel, oder zarte Kalbsbacke mit Gemüse und süßen Zwiebeln, www.scrignodelduomo.com

21 RITTEN Hochebene zum Relaxen

Renon, oder zu Deutsch Ritten, ist das Sonnenplateau Südtirols. Auf rund 2250 Metern Höhe kommen überwältigende Bergpanoramen, sanfte grüne Wiesen, perfekt ausgeschilderte Wanderwege und beschauliche Ortschaften zusammen. Ideal, um ein ganzes Wochenende mitten in der Natur zu verbringen. Die verkehrsberuhigte Hochebene ist bequem mit öffentlichen Verkehrsmitteln zu erreichen.

TIPP

Fünf Kilometer und nur rund 180 Höhenmeter sind auf dem Rittner Themenweg zu bewältigen – dafür belohnt er den Wanderer mit traumhaften Panoramen und zahlreichen Sitzbänken zum Entspannen und Schauen.

22 MERAN — Seit Kaiserin Sisi en vogue

Schon Kaiserin Sisi und andere Jahrhundertwende-Promis lockten das ungewöhnlich milde Klima und die komfortablen Thermalquellen nach Meran ins Etschtal. Die beiden sehr reizvollen und gepflegten Flaniermeilen, die Winter- und die Sommerpromenade, gesäumt von Palmen und Kakteen, führen direkt am Fluss Passer entlang. Toll: der Tappeiner-Weg, ein rund vier Kilometer langer Panorama-Höhenweg oberhalb von Meran.

TIPP

Mit der Seilbahn geht es hinauf nach Meran 2000, in das moderne Wander- und Skiparadies oberhalb der Stadt, www.meran2000.com

23 KALTERN — Weindorf mit Seele

Direkt an einem tiefblauen See gelegen und von einer sanften Bergwelt umgeben, mit Obst- und Weingärten, ist Kaltern der ideale Ort zum Seelebaumeln lassen, Schwimmen, Radeln, Spazierengehen, Schlemmen und Trinken.

TIPP

Man nennt ihn Kalterer See, aber er wird auch in der Nachbarschaft des Sees angebaut: Ein Rotwein mit ausgeprägtem Frucht- und Mandelaroma, der am besten zu den traditionellen Fleischspeisen der lokalen Küche schmeckt, www.wein.kaltern.com

24 ROVERETO — Stadt zwischen den Kulturen

Roveretos Burg aus dem 14. Jahrhundert wurde von den Venezianern errichtet, die ihr Herrschaftsgebiet einst bis hierher ausgedehnt hatten. Neben prächtigen barocken Kirchen sollte man unbedingt die Einsiedelei San Colombano, die von Mönchen in einer bedrohlich wirkenden Felsspalte errichtet wurde, besuchen.

TIPP

Das Museo d'arte moderna e contemporanea, kurz MART, eines der wichtigsten italienischen Museen für die moderne Kunst, ist ein Hauptwerk des Schweizer Stararchitekten Mario Botta, www.mart.tn.it

Blick vom Tiberufer auf den
Petersdom. Ob abends, nachts
oder tagsüber: Roms Altstadt
ist einfach umwerfend schön.

Nur für Schwindelfreie:
Blick von der Kuppelbasis
hinunter auf den Hauptaltar
des Petersdoms.

3 ROM Bauchnabel der Welt

Wie viele Reiseführer mit wie vielen Tipps für Rom geschrieben wurden, kann nur vorsichtig geschätzt werden. Alles, was über Rom gesagt werden kann, wurde bereits gesagt. Deshalb gibt es eigentlich nur einen Tipp für einen Rombesuch übers Wochenende: Ankommen, einchecken und sich von der Faszination der fast 3000 Jahre alten Stadt verführen zu lassen. Flanieren, ab und an in eine herrliche barocke Kirche eintreten – erfrischend an heißen Tagen – oder durch eines der kunst- und geschichtsträchtigen Museen bummeln, einen Teller Pasta auf dem Campo de' Fiori genießen und dem Markttreiben zuschauen und vor dem Abendessen ein Glas Wein auf dem Platz vor dem Pantheon oder im ehemaligen Ghetto genießen und das römische Leben an sich vorbeiziehen lassen. Rom ist so reich an Geschichte, Kultur und Kunst, an Gastronomie und Lifestyle, dass ein verlängertes Wochenende die perfekte Zeitspanne ist, um sich treiben zu lassen und doch viel zu sehen zu bekommen.

Zum Beispiel auf der Via Giulia, vielleicht sogar einer der schönsten Straßen Roms. Sie wirkt fast immer ein wenig verschlafen, fast schon dörflich. Schnurgerade wurde sie vom Renaissancepapst Julius II. in der Kniebeuge des Flusses Tiber geplant. An dieser städtebaulichen Achse sollte der römische Adel seine Paläste errichten, so wollte es jedenfalls der Papst. Das ehrgeizige Projekt wurde allerdings nie komplett realisiert, und so präsentiert sich »la Giulia«, wie die Römer sie nennen, als ein kurioser Mix aus herrschaftlichen Barockpalazzi, einfachen Wohnhäusern vom 16. bis zum 18. Jahrhundert, verlockenden Antiquitäten- und Tante-Emma-Läden sowie einfachen Kaffeebars zum Ausruhen und Leutegucken.

KOMMEN SIE GANZ FRÜH AM MORGEN ZUM PETERSDOM, WENN DIE ANDEREN TOURISTEN NOCH FRÜHSTÜCKEN, DENN NUR SO BRAUCHEN SIE NICHT LANGE SCHLANGE ZU STEHEN, UM AUF DIE KUPPEL ZU GELANGEN UND ANSCHLIESSEND AUCH IN DIE KIRCHE HINEINZUKOMMEN.

Eine umwerfende Aussicht aus rund 150 Metern Höhe entschädigt für den etwas mühsamen Aufstieg auf die Peterskuppel. Der Blick von der Kuppel des Michelangelo schweift von den Vatikanischen Gärten aus über den mächtigen Petersplatz mit den barocken Kolonnaden des Bernini und das historische Zentrum bis hin zu den grünen Albaner Bergen in der Ferne.

TIPP

Das Oratorio del Gonfalone, in der gleichnamigen Seitenstraße der Via Giulia gelegen, war Kapelle und Versammlungsraum einer religiösen Bruderschaft. Das eher kleine Barockgebäude ist vom Fußboden bis unter die Decke komplett mit Fresken aus dem 16. Jahrhundert ausgemalt – Roms vielleicht schönste Konzerthalle, www.oratoriogonfalone.eu

3.1 DOMUS AUREA · Daheim bei Nero

Trotz seines schlechten Images, als Bauherr war Kaiser Nero (37–68 n. Chr.) sicherlich ein Visionär. Nach seinem Freitod wurde das meiste seines grandiosen Palastes, die Domus Aurea, zugeschüttet, um das Andenken an den Tyrannen zu vergraben. Heute können Besucher die noch erhaltenen und restaurierten Säle und Korridore des einstigen Megapalastes mit bis zu 15 Meter hohen Deckengewölben besichtigen.

TIPP

Eine kulinarische Pause mit fantastischem Blick auf das Kolosseum? Am besten im Ristorante Aroma, das feine klassisch-italienische Gerichte serviert. Shorts sind hier nicht gern gesehen, www.aromarestaurant.it

3.2 GHETTO · Das jüdische Herz Roms

Schon seit dem 2. Jahrhundert v. Chr. leben Juden in Rom – seit 1555 in dem Stadtteil, der auch heute noch Ghetto genannt wird. Heute ist die Via Portico d'Ottavia die Hauptachse des jüdischen Viertels von Rom, eine Fußgängermeile mit vielen Lokalen und Cafés. Typisch römisch-jüdische Küche wird im »Nonna Betta« serviert. Die nahe gelegene Chiesa di Sant'Angelo in Peschieria wurde in einen antiken Tempel hineingebaut.

TIPP

In den Kellergewölben der größten europäischen Synagoge, mitten im ehemaligen Ghetto, wird in einem kleinen Museum die 2000 Jahre lange Geschichte der römischen Juden thematisiert, www.museoebraico.roma.it

Die Ruinen von Neros Palast, der Domus Aurea, sind gewaltig (1).
Bei Sonnenuntergang ein Genuss: der Blick auf die Kaiserforen (2).
Villa d'Este in Tivoli: ein Traumgarten, nur eine Stunde von Rom
entfernt (3).

3.3 ANTIKE An einem Tag

Auf einem ausgedehnten Spaziergang, ohne sonderlichen
Stress, sind alle bedeutenden antiken Monumente zu bewundern: Kolosseum, Kaiserforen mit dem antiken Senat und den
wichtigsten Tempeln, Palatinhügel mit den Kaiserpalästen, Zir-
kus Maximus, die größte Pferderennbahn der Geschichte für
rund 200 000 Zuschauer, und das Kapitol, in dem heute das
Rathaus und die Kapitolinischen Museen untergebracht sind.

TIPP

Den schönsten Blick auf das antike und das barocke Rom
bis hin zum Petersdom, am besten bei Sonnenuntergang,
hat man von der Aussichtsterrasse des Vittoriano, täglich bis
19.30 Uhr geöffnet.

3.4 HADRIANSVILLA und Villa d'Este

Zwei Weltwunder der Kulturgeschichte an einem Tag: In
Tivoli, rund 30 Minuten mit dem Auto von Rom entfernt, lohnt
ein Besuch der eindrucksvollen Ruinen der Luxusvilla Kaiser
Hadrians aus dem 2. Jahrhundert n. Chr. Dem wollte Kar-
dinal Hippolito d'Este nicht nachstehen und ließ dort seinen
Renaissancepalast, die Villa d'Este, errichten. Vor allem der
Park ist ein Meisterwerk der Gartenkunst.

TIPP

Der wildromantische Park Villa Gregoriana bietet viel Natur,
einen mächtigen und von altrömischen Ingenieuren geschaffe-
nen Wasserfall und antike Ruinen und ist bequem vom Stadtzentrum Tivolis aus zu Fuß zu erreichen, www.fondoambiente.it

Kaiserin Maria Theresia ließ, als Triest zum Habsburgerreich gehörte, das Stadtzentrum nach ihrem Geschmack umbauen.

4 TRIEST Wenig bekannte Kulturstadt

Eigentlich braucht man das ganze Wochenende, um die vielen Sehenswürdigkeiten Triests abzulaufen. Auf dem Colle San Giusto fasziniert die Basilika mit einigen der am besten erhaltenen Mosaiken des italienischen Mittelalters. Kaiserin Maria Theresa und andere K.u.k.-Herrscher bauten die barocke Unterstadt aus. Auf österreichischen Charme stößt der Besucher nicht nur in der Architektur, sondern vor allem in den vielen historischen Kaffeehäusern.

TIPP

Eines der ältesten und am besten erhaltenen Kaffeehäuser ist das Antico Caffé San Marco in der Via Cesare Battisti 18. 1914 gegründet und heute immer noch von Literaten frequentiert.

41 CASTELLO DI MIRAMARE

Flucht- und Sehnsuchtsort

Erzherzog Maximilian von Österreich (1832–1867) ließ sich, direkt an der Adria auf einer Landzunge, dieses terrassenförmig angelegte Schloss bauen. Hier, befreit vom starren Wiener Hofzeremoniell, machte er zusammen mit seiner Frau Charlotte Urlaub. Aus dem Schloss wurde ein Museum; der 22 Hektar große Park mit vielen exotischen Pflanzen und Bäumen, darunter auch ein Mammutbaum aus Kalifornien, ist ein Erlebnis.

TIPP

Essen mit Blick auf Maximilians Meer. Das Restaurant La Terrazza dell'Ostello, nicht weit vom Schloss entfernt, serviert fangfrischen Fisch und dazu natürlich die herben Weißweine aus dem Friaul, Tel. 0334/331 78 44.

Miramare – heute ein Museum, einst das Liebesnest eines österreichischen Erzherzogs, der später Kaiser von Mexico wurde (1). Die Mosaiken der ehemaligen römischen Kaiserstadt Aquileia gehören zu den am besten erhaltenen ganz Italiens (2).

42 GROTTA GIGANTE Europas Riesengrotte

Der Name ist keine Übertreibung – zu sehen bekommen die Besucher die größte Einzelgrotte weltweit. Ihre Ausmaße sind riesig, und wer sie zum ersten Mal betritt, hält den Atem an: 114 Meter hoch, 280 Meter lang und fast 77 Meter breit wird sie seit 1995 im *Guinnessbuch der Rekorde* aufgeführt.

TIPP

Das eher unscheinbare Städtchen nahe der Grotta heißt Prosecco, und von hier stammt der berühmte Schaumwein, der in verschiedenen Weinbars verkostet werden kann.

43 AQUILEIA Hauptquartier und Handelszentrum

Aquileia, antikes Handelszentrum, diente Kaiser Augustus zugleich als Hauptquartier für seine Feldzüge gegen die aufmüpfigen Germanen. Von der einstigen Bedeutung zeugt unter anderem die mächtige Basilika, errichtet im 11. Jahrhundert auf den Resten einer frühchristlichen Kirche. Sie überrascht mit erstaunlich gut erhaltenen Fußbodenmosaiken und romanischen Wandfresken aus dem frühen Mittelalter.

TIPP

Echte Mamma-Küche all'italiana gibt's im Ristorante Corallo, ideal für eine Feinschmeckerpause nach der Besichtigungstour in Aquileia, www.ristorantecoralloauqileia.it

Rovinji, Bilderbuchstadt an der
kroatischen Küste, beeindruckt
mit den Zeugnissen seiner
wechselvollen Geschichte.

KROATIEN
Kleines charaktervolles Land

Kroatien, zwischen der Adria und der Pannonischen Ebene gelegen, ist eine mediterrane Bilderbuchwelt, überreich an Kulturdenkmälern aller Epochen, mit Sonneninseln und spektakulären Naturparks. An der Schnittstelle zwischen Orient und Okzident, war Kroatien stets ein ethnischer Schmelztiegel.

Es ist dieses einzigartige Kroatien-Feeling, das jeder für immer in sich trägt, der schon einmal dort war: sauberes, azurblaues Meer, warmherzige Gastgeber, opulente Tafelfreuden, sonnenwarme Städte mit Kulturschätzen, eine farbenfrohe, musikliebende Volkskultur. Tief eingeschnittene Meeresbuchten, Halbinseln und Landzungen prägen die Küstenlinie in Istrien und im Kvarner. Türkisblau wie in der Karibik leuchtet das Meer an den Sandstränden Dalmatiens. Doch auch das Landesinnere Kroatiens ist außerordentlich reizvoll, mit den Wäldern und Karstflüssen von Lika oder den Plitwitzer Seen. Eine besonders kostbare Perle ist die stolze Seerepublik Ragusa, so der ursprüngliche Name Dubrovniks – ihre zahlreichen Baudenkmäler aus unterschiedlichsten Epochen und ihr Flair machen sie zum Besuchermagnet.

DIE TOP 5 ATTRAKTIONEN VON KROATIEN

DUBROVNIKS STADTMAUER
Einzigartige Perspektiven auf die Stadt vom Bollwerk aus dem 13. Jahrhundert

DER SRĐ
Mit der Seilbahn auf den Hausberg Dubrovniks

ELAFITEN
Einsame Buchten jenseits des Trubels von Dubrovnik – Refugium für Individualisten

ZAGREB
Kroatiens liebenswerte Hauptstadt

PLITWITZER SEEN
Weltberühmte Zaubervorstellung der kroatischen Natur

1 DUBROVNIK

Von der Weltmacht zum Welterbe

Dubrovnik ist ein einziges, maßgeschneidertes Kunstwerk aus Stein: Die als UNESCO-Weltkulturerbe ausgezeichnete Stadt ist eine atemberaubende urbane Schönheit mit idealen Proportionen und erlesenem Schmuck. Obwohl sie sich ihrer vielen Bewunderer kaum erwehren kann, behält sie ihre zeitlose Würde und zurückhaltende Eleganz. »Stari Grad«, die von der kolossalen Festungsmauer umgebene Altstadt Dubrovniks, steht in einer Reihe mit Europas großen Handelsstädten Florenz, Venedig oder Brügge. Wie diese wurde Ragusa, so der alte Name der Seerepublik, im Mittelalter durch Handel und eine kluge Politik reich und mächtig. Wie Phoenix aus der Asche ging die Stadt immer wieder aus den Heimsuchungen hervor, denen sie im Lauf ihrer langen Geschichte ausgesetzt war: Feuersbrünste, Pestepidemien, das Erdbeben von 1667, zuletzt der Krieg vor 20 Jahren.

TIPP

Krönender Abschluss eines Rundgangs auf der Stadtmauer: der Minčeta-Turm. Man sollte ihn bei Sonnenuntergang besteigen – der schönste Blick auf die Dachlandschaft von Dubrovnik.

Dubrovnik blickt auf eine stolze Geschichte als See- und Handelsmacht zurück, die bis in die Antike zurückreicht.

Quirliges Treiben auf dem Stradun, hier mit Uhrturm und Rathaus (1). Beim Spaziergang auf der Stadtmauer lässt sich die gesamte Altstadt umrunden (2). Die vorgelagerte Insel Lokrum ist nur einen Katzensprung entfernt und bietet zauberhafte Picknick- und Badeplätze (3).

12 AUF DER STADTMAUER

Treppauf, treppab

Jahrhundertelang haben starke Mauern die Stadtbewohner von Ragusa beschützt. Heute können Touristen auf ebenjener komplett erhaltenen Stadtmauer die Altstadt umrunden – mit seinen ständig wechselnden Perspektiven auf Meer und Stadt ist dieser Sightseeing-Rundkurs das »Highlight« eines jeden Dubrovnik-Besuchs. Vom Rundturm der Bastion Bokar aus bietet sich ein grandioser Blick hinüber zur spätmittelalterlichen Vorfestung Lovrijenac, am Vorsprung des Südflügels Mrtvo Zvono sieht man hinüber zur Insel Lokrum.

TIPP

Mit der Seilbahn auf den Srd, den 412 Meter hohen Hausberg unmittelbar hinter dem Altstadtkern. An klaren Tagen reicht der Blick bis zu 60 Kilometer weit über die Adria, www.dubrovnikcablecar.com

11 DER STRADUN   Zentrale Achse

Der Stradun erschließt die wichtigsten Sehenswürdigkeiten der Altstadt und ist entsprechend überlaufen. An beiden Enden des berühmten Straßenzugs stehen der Große und der Kleine Onofrio-Brunnen, daran schließt sich Luža-Platz an, das Herz der ehemaligen Seerepublik Ragusa. Sobald man links von der Hauptstraße in die Schluchten der ansteigenden Treppengassen abbiegt oder im romanischen Kreuzgang des Franziskanerklosters einen Augenblick verweilt, ist der Rummel jedoch schnell vergessen.

TIPP

Nautika heißt eines der »romantischsten« Restaurants der Welt: Von seiner Terrasse hat man nicht nur einen wunderbaren Blick über die Altstadt, sondern es verwöhnt auch mit kreativer mediterraner Küche, www.nautikarestaurants.com

13 LOKRUM   Dubrovniks Garten

Vom Alten Hafen legen Taxiboote nach Lokrum ab und in zwölf Minuten ist man auf der kleinen, zauberhaften Insel mit subtropischer Waldidylle, wie man sich das im Trubel der Altstadt gar nicht ausmalen kann. Schon 1945 zum Naturpark ernannt, genießen die Dubroviker ihre Garteninsel als Picknickplatz und die herrlichen Fels- und Sandstrände zum Baden. Für Kinder ist vor allem Mrtvo More ein Hauptspaß, das »Tote Meer«, der kleine, flache Salzsee im Südteil der Insel.

TIPP

Wem Dubrovnik zu trubelig ist, findet auf den Elafiten, kleine, nordwestlich der Stadt in der Adria verstreute Inselchen, einsame Buchten und Strände. Tägliche Schiffsverbindungen nach Lopud, Koločep und Šipan, www.visitdubrovnik.hr

2

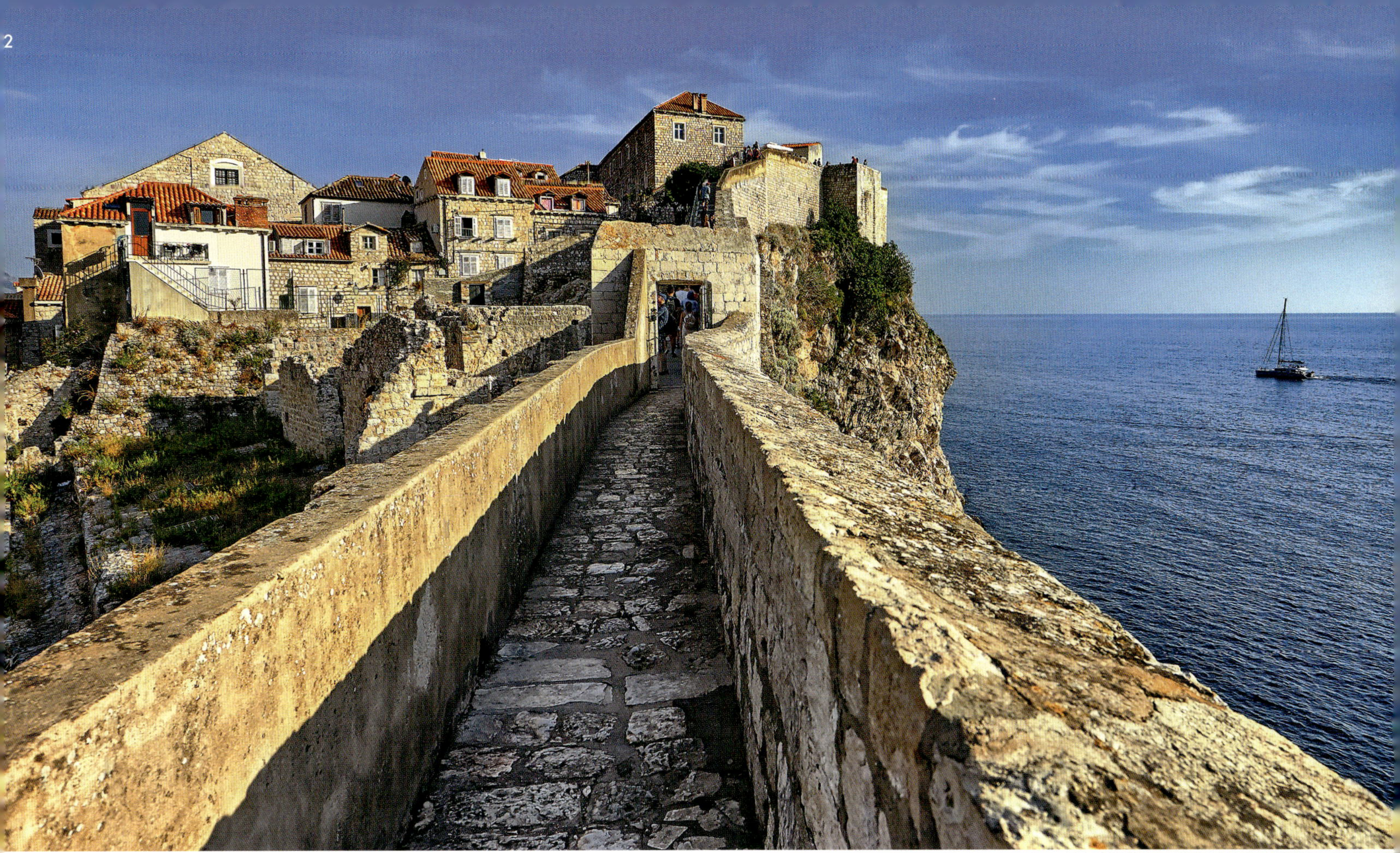

3

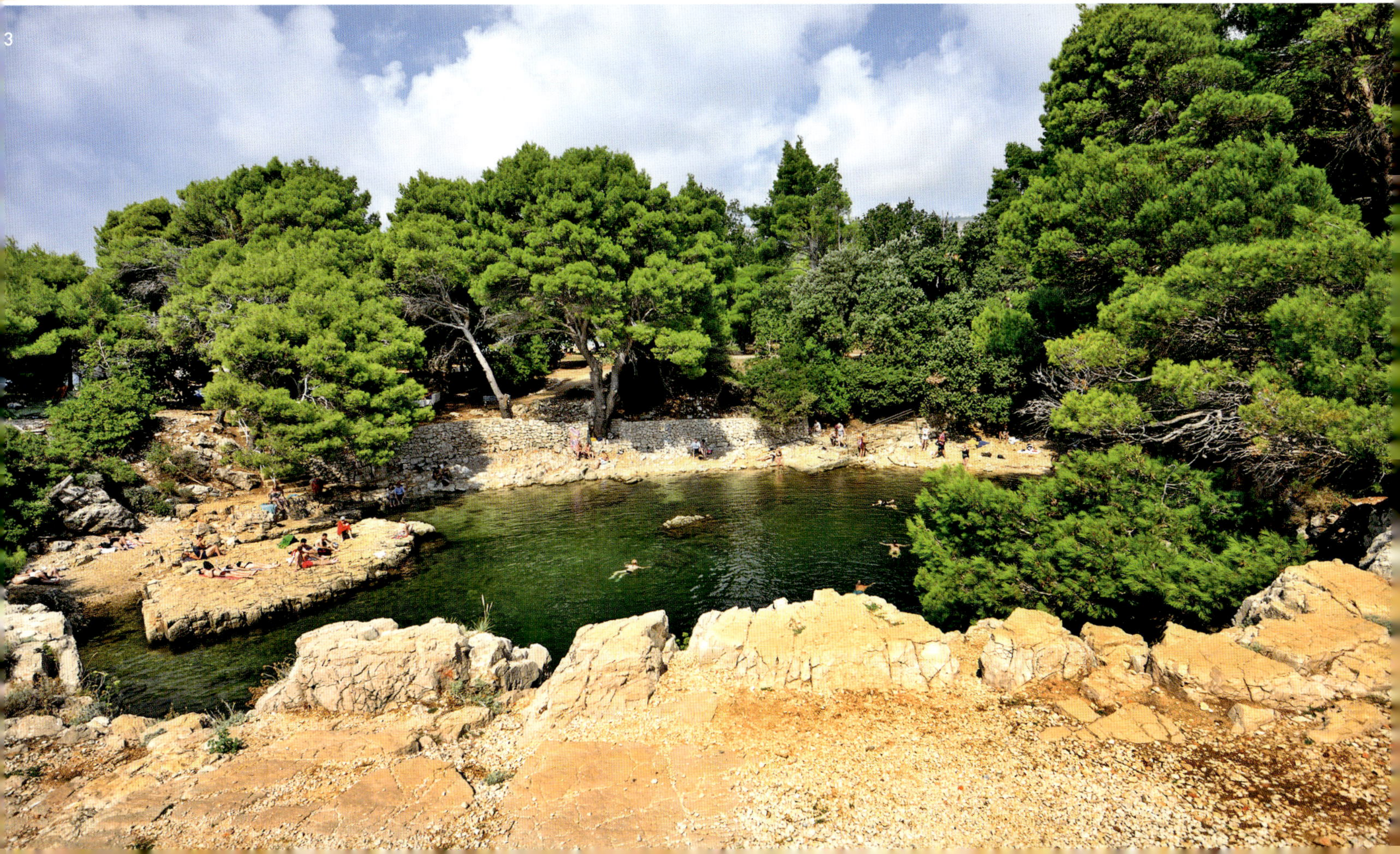

Die gute Stube Zagrebs: der Ban-Jelačić-Platz (1).
Canyons, Wasserfälle, türkisfarbene Seen: das
Naturparadies der Plitwitzer Seen (2). Ein aus-
gedehntes, gut beschildertes Wegenetz bietet
Touren für jeden Geschmack (3).

2 ZAGREB Sympathische Hauptstadt

Zagreb, die »Fast-Millionenstadt«, hat alles, was auch tou-
ristisch gesehen attraktiv ist: ein pulsierendes Leben rund um
die Uhr, tolle Hotels und Kaffeehäuser, Gründerzeit- und Ju-
gendstilarchitektur, und in der Ober- wie in der Unterstadt
viele Sehenswürdigkeiten als Zeugnisse einer turbulenten
Geschichte. Die rund sechs Kilometer lange Ilica ist die wohl
schönste Shoppingmeile Kroatiens, auf der sich internationale Markenstores und alteingesessene Ladengeschäfte reizvoll
abwechseln.

TIPP

Maksimir, Landschaftspark mit Skulpturen, kleinen Seen,
Wasserfällen und Lusthäusern. Am Rande des Parks die
Spielstätte von Dinamo Zagreb und gleichzeitig Showbühne,
das Maksimir-Stadion, www.park-maksimir.hr

21 PLITWITZER SEEN Fallende Seen

Sechzehn glasklare türkisblaue und smaragdfarbene Seen in
einem grünen Canyon, dazwischen 92 tosende, rauschende,
plätschernde Wasserfälle, die sich über Kalkbarrieren in die
Tiefe stürzen. Zum Schluss vereinigen sich alle im Karstbe-
cken Sastavci. Ein großartiges Spektakel, das die Natur hier
vorführt, und das bereits 1949 zum Nationalpark erklärt wurde. Ein ausgedehntes, bestens beschildertes Wegenetz lädt
dazu ein, den Park auf eigene Faust zu erkunden – abseits
der geführten Touren.

TIPP

Alternativ-Tour: Markiert mit einem »F«, beginnt sie mit einer
Bootsfahrt über den Kozjak-See. Gut ausgeschildert, vorbei
an Wasserfallkaskaden, durch eine Kalksteinschlucht und
über steile Serpentinen zu spektakulären Aussichtspunkten.

2

22 KLEIN PLITWITZ Mühlen bei Rastoke

Nicht mal 30 Kilometer nördlich der Plitwitzer Seen haben
sich an der Mündung des Flüsschens Slunjčica in die 20 Meter tiefer fließende Korana drei Dutzend Wasserfälle gebil-
det. Schon im 18. Jh. nutzten die Menschen die Kraft der
Gießbäche für das Mahlen von Getreide und überbrückten
mit tollkühnen Konstruktionen die tosenden Wasserfälle. Bis
zu 22 pittoreske Mühlen staffeln sich hier übereinander.

TIPP

Forellen, Forellen und noch mal Forellen: In der rustikalen
Konoba Petro ist die Speisekarte ganz auf die fangfrischen
Fische aus dem glasklaren Wasser der Korana ausgerichtet.
Mit Übernachtungsmöglichkeit, www.petro-rastoke.com

3

Viele Augen:
auf dem Dach der Casa Milla
von Antoni Gaudí

SPANIEN

Überraschungen auf der Sonnenseite

Früher war Spanien einfach nur Sonne, Strand und Meer. Auch wenn dies bezaubernd sein mag, so hat das Land doch viel mehr zu bieten. Die einzelnen Regionen haben alle völlig verschiedene Identitäten. Doch was alle Spanier eint, ist die Fähigkeit, das Leben in einem eigenständigen Rhythmus zu genießen.

Während das Urlaubsgefühl am Strand von selbst kommt, entfaltet sich die Lebensart der Spanier für den Besucher vor allem in den pulsierenden Städten: Hier eine Caña an einem schattigen Plätzchen, dort ein Gläschen Wein in einer Bar, dazu immer mal wieder eine kleine Tapa – schließlich wird das Abendessen erst serviert, wenn die Menschen in anderen Ländern langsam bettschwer werden. Dabei kommen immer kreativere Gerichte auf den Tisch. Nicht nur das Baskenland und Katalonien gelten als kulinarische Hochburgen. Beide Regionen sind außerdem stolz auf ihre Identität. Gleiches gilt auch für Mallorca, selbst wenn die Lieblingsinsel der Deutschen in erster Linie für die eingangs erwähnten Qualitäten bekannt ist.

Doch nicht nur die Hauptstadt Palma besitzt auch andere Vorzüge – und bis zum Meer ist es ohnehin nie sehr weit.

DIE TOP 5 ATTRAKTIONEN IN SPANIEN

BARCELONA

• Barri Gotic – angesagte Bars und katalanische Restaurants in mittelalterlichen Gassen
• Auf den Spuren von Gaudís Architektur: Von der Sagrada Familia bis zum Park Güell Bilbao
• Das 1997 von Frank O. Gehry entworfene Guggenheim-Museum ist auch heute noch eine Sensation.
• Pintxos, unwiderstehliche Leckereien, die es überall in den Bars des Baskenlandes gibt

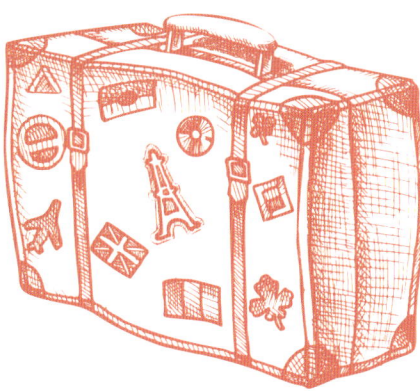

PALMA DE MALLORCA

• La Seu, die Kathedrale des Lichts, einer der beeindruckendsten Sakralbauten der Welt

Ob mit Kaffee oder Caña, einem kleinen Bierchen: Die Placa Reial in Barcelona eignet sich den ganzen Tag über als Beobachtungsposten.

1 BARCELONA ...schläft nie

Eine zauberhafte Altstadt, in der die Autos immer seltener werden. Einladende Restaurants mit kreativen Küchenchefs, eine große Anzahl cooler Geschäfte, ein gepflegter Stadtstrand und ein bergiges Hinterland mit einer eigenen Kultur. Das sind nur einige der Schlagworte, denen Barcelona seinen rasanten Aufstieg zu einer der beliebtesten Städte der Welt verdankt.

Die Liste ließe sich endlos fortsetzen. Doch darum geht es gar nicht, wenn man mit einem Besuch liebäugelt. Die Hauptstadt Kataloniens ist eine echte Metropole – und als solche lädt sie vor allem dazu ein, sich treiben zu lassen. In den Gassen des Barri Gòtic die Orientierung verlieren, oder doch lieber über die majestätischen Boulevards des Eixample flanieren, an deren Seiten die Architekten des Modernisme Bauten von unwirklicher Schönheit hinterlassen haben?

Die Tage in Spaniens zweitgrößter Stadt beginnen spät. Das mag daran liegen, dass die Nächte lang sind. Vielleicht aber ist es auch darauf zurückzuführen, dass mittags nur wenig läuft. Viele Geschäfte schließen während der Siesta ohnehin. So wundert es nicht, dass manche Cafés Frühstück bis in die Abendstunden servieren.

Allerdings sollte man dem Müßiggang nicht zu sehr frönen, denn die Liste der Sehenswürdigkeiten ist lang. Ganz oben stehen die skulpturalen Bauten von Antoni Gaudí. Doch Barcelona hat noch andere Größen hervorgebracht. Also auf ins Picasso-Museum, dessen Sammlung mehr als 4000 Werke umfasst, und weiter zur Fundació Joan Miró, die einem weiteren stilprägenden Künstler gewidmet ist. Oder wie wäre es mit einem der Musik-Festivals wie Sonar und Primavera Sound, von Bands und Publikum gleichermaßen wegen ihrer perfekten Begleitumstände geliebt.

DIE WEINREGIONEN IM UMLAND SIND WIE DAS MÄCHTIGE MONASTIR DE MONTSERRAT WUNDERBARE ZIELE FÜR AUSFLÜGE UND EINE KURZE AUSZEIT VON EINER STADT, DIE FAST NIE SCHLÄFT.

Dazu gehört auch die Esskultur. In prächtigen Markthallen wie der Boqueria gibt es nahezu alles. Zudem sind die Restaurants und Bars der Stadt hinreißend. Zu den Spezialitäten gehören Montaditos, üppig mit »Jamon« oder Meeresfrüchten belegte Kanapees, die der Katalane gerne im halben Dutzend verspeist. Ganz zu schweigen von den Weinen des Penedés, die ebenso wie der berühmte Cava vor den Toren der Stadt gekeltert werden.

TIPP

Spazieren Sie erst nach Einbruch der Dunkelheit über den Passeig de Gracia. Die Bauten von Gaudí und seinen Zeitgenossen wirken besonders gut, wenn sie von Scheinwerfern angestrahlt werden. Auch ist der Andrang auf dem Prachtboulevard dann geringer.

Baustelle mit Anmut: Die Sagrada Familia von Antoni Gaudí ist ein einzigartiges Bauwerk. Nach aktueller Schätzung soll sie 2026 fertiggestellt werden.

11 PARC GÜELL   Ein Gesamtkunstwerk

Hoch über den Dächern von Barcelona hat Antoni Gaudí ein märchenhaftes Anwesen gestaltet. Auf einer Anhöhe gelegen, entfaltet sich eine fantasievolle, farbenfrohe Parklandschaft, zu deren Ensemble Häuser und Pavillons in organischen Formen gehören, natürliche Arkaden und vielfältige Pflanzenwelten. Am beliebtesten freilich sind die bunt gefliesten Sitzbänke, die einen wunderbaren Blick über die Stadt erlauben.

TIPP

Besucher sollten ihren Trip rechtzeitig planen. Wegen des großen Andrangs werden Tickets nur für einen bestimmten Zeitraum vergeben. Sie können online gekauft werden inklusive Anreise im Bus, parkguell.barcelona

12 BARCELONETA   Stadtstrand de luxe

Noch heute künden die Straßenzüge in Barceloneta von einem überwiegend einfachen Arbeiterviertel. Die ehemals wenig gepflegten Strände und das verschmutzte Meer wurden mit der Ausrichtung der Olympischen Spiele 1992 neu angelegt. Seitdem präsentieren die Jungen und Schönen hier ihre makellosen Körper, doch auch jeder andere ist am Stadtstrand willkommen.

TIPP

Am Strandboulevard haben sich viele Cafés eingerichtet, in denen man den Tag vertrödeln kann. Besonders hübsch ist die Bar Bo Kaap, bokaapbeachbar.com

Auf dem Dach des Museum der Geschichte Kataloniens bezaubert die Aussicht über den Hafen und Montjuïc (1). Der Parc Güell hingegen lockt mit bunt gefliesten Bänken (2).

13 SAGRADA FAMILIA   Gaudís Meisterwerk

Ein Gebäude für die Ewigkeit? Das könnte die Sagrada Familia werden – schließlich ist schon die Bauzeit der Kathedrale kolossal. Die Arbeiten für den extravaganten Sakralbau haben 1886 begonnen. Nach heutigem Stand sollen sie 2026 zum 100. Todestag ihres Schöpfers Antoni Gaudí fertiggestellt werden. Geweiht wurde die Kirche bereits im Jahr 2010 von Papst Benedikt XVI.

TIPP

Rund 5 Millionen Besucher wollen die Sagrada jährlich sehen. Das heißt, so früh wie möglich kommen, Tickets vorab online kaufen und die Fahrt im Aufzug auf einen der Türme gleich mit dazu, sagradafamilia.org

14 TELEFÉRIC   Zum Montjuïc schweben

Seilbahnen schienen als Verkehrsmittel bereits ausgedient zu haben. In Barcelona allerdings hat das niemanden interessiert, als die Verbindung zwischen Hafen und dem Hausberg 1970 eröffnet wurde. Zu Recht, denn aus den Gondeln haben Passagiere einen prächtigen Ausblick aufs Meer, auf die Stadt und auf die Berge. Binnen fünf Minuten überwinden sie rund 85 Höhenmeter. »¡Genial!«, wie die Spanier gerne sagen.

TIPP

Tickets für die Seilbahn sind auch für nur eine Strecke erhältlich. So kann man auf dem Weg zurück in die Stadt die Fundació Miró besuchen, www.telefericdemontjuic.cat

Kunst und Kulinarik: Die Eröffnung des Guggenheim-Museums hat Bilbao einen beispiellosen Aufschwung beschert (1). Die Pinxtos hingegen, kleine Leckereien, türmen sich seit eh und je auf den Tresen der Bars (2). Traditionsreich: das Viertel Casco Viejo (3).

2 BILBAO — Der Guggenheim-Effekt

1997 wurde Bilbao fast über Nacht von einer grauen Industriestadt zu einer angesagten Kulturkapitale. Einziger Grund war die hier errichtete Dependance des Guggenheim-Museums, die von Frank O. Gehry so meisterhaft gestaltet wurde. Der charakteristische Titan-Bau mit dem skulpturalen Baukörper ist bis heute eine Sensation. Den Schwerpunkt der Ausstellung bildet die Kunst des ausklingenden 20. Jahrhunderts – darunter eine begehbare Skulptur von Richard Serra und meditative Gemälde von Mark Rothko.

TIPP

Wer das Museum nicht besucht, muss auf Kunst nicht verzichten: Davor stehen ebenfalls zwei Werke von Weltrang, die spinnenhafte Skulptur »Maman« von Louise Bourgois und »Puppy« von Jeff Koons, www.guggenheim-bilbao.eus

2.1 PINTXOS — Schlemmen auf baskisch

Das Baskenland ist für seine vorzügliche Küche berühmt. Das zeigt sich nicht nur in der Spitzengastronomie, wie dem Azurmendi, das mit drei Michelin-Sternen dekoriert ist, sondern auch bei den Pintxos genannten Kanapees und anderen Leckereien, die in den Bars auf dem Tresen aufgetürmt werden. Die Bezahlung erfolgt nach einem einfachen System: jeder Snack wird durch einen Spieß (so die baskische Bedeutung des Wortes) zusammengehalten, dessen Farbe zur Bestimmung des Preises dient.

TIPP

Eine der besten Adressen für Pintxos ist das »Gure Toki« (www.guretoki.com) auf der Plaza Nueva in der Altstadt. Traditionell und volkstümlich geht es bei La Viña del Ensanche zu, lavinadelensanche.com

2.2 CASCO VIEJO Sieben Straßen

Einst hatte Bilbao zwei Stadtkerne. Der eine lag am westlichen Ufer des Flusses, der dem Bergbau vorbehalten war. Der schönere aber breitete sich am östlichen Ufer aus. Er beschränkte sich ursprünglich auf sieben Straßen, was sich bis heute im baskischen Namen »Zazpi Kaleak« widerspiegelt. Seit dieser Teil der Altstadt 1979 eine autofreie Zone ist, haben sich hier wieder viele inhabergeführte Geschäfte sowie kleine Bars und Cafés angesiedelt. Ein tolles Revier, um in der Vergangenheit zu schwelgen.

TIPP

Wer Freude an mediterranen Märkten hat, darf den Mercado de la Ribeira nicht auslassen. Hier sind an allen Wochentagen Köstlichkeiten aus der Umgebung zu haben, mercado-delaribera.biz

Frisch aus dem Meer oder vom Feld: Die Märkte Palmas sind eine Fundgrube für frische Produkte.

3 EL CIUTAT Mallorcas Metropole

Ein stolzer Ort mit einer reichen Geschichte, eigenem Charakter und vielen Gesichtern. Das ist Palma de Mallorca auch geblieben, seit Stadt und Insel von immer größeren Mengen an Touristen aufgesucht werden. Eindrucksvoll deutlich wird dies im unübersichtlichen Gewirr von Gassen in der Altstadt. Großstädtisch und mondän präsentiert sich »El Ciutat«, wie die Mallorquiner sagen, dagegen am Passeig des Born. Still und erhaben sind die schattigen Patios, von denen es nie weit zu einem sonnenüberfluteten Platz ist.

TIPP

Ein absolutes Highlight ist die weithin sichtbare gotische Kathedrale La Seu, die 1604 nach fast vier Jahrhunderten vollendet wurde. Von außen trutzig, begeistert das Gotteshaus von innen mit Buntglasrosetten. Das Interieur wurde zum Teil von Antoni Gaudí gestaltet, www.visitpalma.com, www.catedraldemallorca.org

3.1 PALMAS MÄRKTE

Authentisches Mallorca

Palma ist ein Ort für Leckermäuler. Am spannendsten sind dabei die vielen Märkte, auf denen die Händler traditionelle Inselprodukte anbieten. Eine Institution ist der Mercat de l'Olivar (www.mercatolivar.com), wo neben frischem Fisch und Meeresfrüchten auch Obst, Gemüse, Käse und Würste appetitlich aufgestapelt sind. Etwas kleiner und eine Spur traditioneller ist der Mercat de Santa Catalina (www.mercatdesantacatalina.com), wo auch der begehrte Inselwein zu haben ist. Hier lohnt der Einkauf für ein Picknick.

TIPP

Palmas Märkte auf modern? Auch diese Variante existiert und hört auf den Namen Mercat 1930. Dahinter verbirgt sich trotz des nostalgischen Namens eine zeitgenössische Food Hall, wo neben Inselleckereien auch Gastro-Trends von mexikanisch bis japanisch zu haben sind, www.mercat1930.com

Erhaben: Palmas Kathedrale
La Seu im Abendlicht.

Die Häuser der Innenstadt leuchten
tagsüber in bunten Farben.

Malerischer Blickfang mit
Potenzial für eine verbesserte
Energieeffizienz: Windmühle
in der Provinz Alentejo.

PORTUGAL

Reise ans Ende Europas

Lange fristete Portugal ein Schattendasein am Rande Europas. Doch in den zurück-liegenden Jahren hat sich das Land auf der Iberischen Halbinsel zu einer ausge-sprochen beliebten Destination gemausert. Es empfängt Besucher mit einer rauen Schönheit – und einer gewissen Melancholie.

Mit ihren bunt gefliesten Häusern, den engen Gassen und geräumigen Plätzen strahlen Portugals Städte eine einzigartige Anmut aus. Sowohl Lissabon als auch Porto liegen an mächtigen Strömen, dem Tejo und dem Douro. Von deren Ufern erheben sich steile Hügel, die mithilfe von Zahnradbahnen und Standaufzü-gen überwunden werden. Beide Städte liegen wenige Kilometer landeinwärts und sind so vor den Launen des Atlantiks einigermaßen ge-schützt. Dennoch ist der Strand leicht erreich-bar. Und die Menschen? Sie sind herzlich und gastfreundlich – und sie genießen das Leben mit einer ganz eigenen Landesküche, zu der frischer Fisch und deftige Speisen gehören. Dazu ein leichter Vinho Verde oder edler Port. Am Abend klingt Fado aus den Tavernen – der wunderbare Ausdruck des portugiesischen Weltschmerzes.

DIE TOP 5 ATTRAKTIONEN PORTUGALS

LISSABON

- Fahrt mit den altehrwürdigen Waggons der Linie 28 durch die Gassen der Alfama
- Expo-Gelände, direkt am Tejo gelegen, mit Ozeanarum, coolen Restaurants und einer Seilbahn

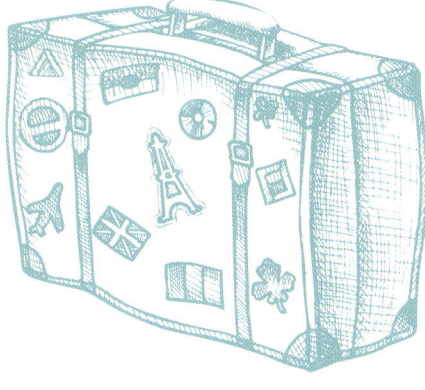

PORTO

- Blick vom Mosteiro da Serra do Pilar auf den Douro und die Brücke Dom Luís I.
- Die Francesinha, ein Gericht, das von Porto aus die Welt erobert
- Tagesausflug nach Sintra zu den Schlössern und Burgen nördlich von Lissabon

Majestätisch wacht der Elevador de Santa Justa über Lissabons Baixa. Er hilft beim Aufstieg in das höher gelegene Viertel Chiado.

Die Wäsche muss draußen hängen in der Alfama: Lissabon hat sich seinen ursprünglichen Charakter bewahrt.

1 LISSABON
Farbenfrohe Metropole

Die portugiesische Hauptstadt war lange eine der am meisten unterschätzten Metropolen Europas. Das hat sich gründlich geändert. Spätestens mit der Ausrichtung der Expo 1998 hat Lissabon neues Selbstbewusstsein getankt. Seitdem vereint die Kapitale ihr einzigartiges historisches Stadtbild mit kosmopolitischer Modernität. Wer hier hinreist, benötigt kein Programm, denn die auf sieben Hügeln gelegene Stadt ist die eigentliche Attraktion.

Bester Startpunkt ist die Alfama, wie die Portugiesen die Altstadt nennen. Eine verwirrende Vielzahl von Gassen führt durch das Viertel, dessen historische Bausubstanz den Augen schmeichelt. Regelmäßig ist das Rumpeln der alten Straßenbahnwaggons zu hören, die sich auf den Gleisen der Linie 28 ihren Weg durch die Stadt bahnen. Unterwegs eröffnen sich immer wieder Blicke auf die spektakuläre Szenerie. Konkurrenzlos allerdings bleibt die Aussichtsplattform, die sich am Miradouro do Castelo de São Jorge befindet.

Nur einen Steinwurf entfernt breitet sich die Baixa aus. Die Unterstadt mit der Praça do Rossio ist zugleich der mondäne Stadtmittelpunkt: Von hier führen imposante Boulevards bis an die Ufer des Tejo, der sich vor Lissabon zu einem mächtigen Binnenmeer ausweitet, und von hier aus breiten sich hübsche, gefliese Einkaufsstraßen aus.

Weiter westlich schließt sich das Bairro Alto an. Die Oberstadt begeistert mit gepflasterten Straßen und hübsch sanierten Häusern, in denen sich Bars, Kneipen, Cafés und Restaurants abwechseln. Auch hier ist die Bandbreite groß: sie reicht von traditionellen Fado-Lokalen bis zu abgeklärt-nüchternen Etablissements.

Jedes dieser Viertel bietet Stoff für ganze Tage. Doch auch danach ist Lissabon erst zu einem kleinen Teil entdeckt: Wenige Kilometer weiter in Richtung Tejo-Mündung liegt Belem, von wo einst die Seefahrer in alle Himmelsrichtungen aufge-

HINTER BELÉM FOLGEN MIT CASCAIS UND ESTORIL DIE WOHNORTE DER SCHÖNEN UND DIE BADEORTE DER REICHEN. AUCH DAMIT ABER HAT SICH PORTUGALS METROPOLE NICHT ERSCHÖPFT, DENN IM NÖRDLICH GELEGENEN HÜGELLAND LOCKT MIT SINTRA DIE LANGJÄHRIGE SOMMERRESIDENZ DES KÖNIGSHAUSES.

brochen sind. Auch wurden hier die köstlichen Puddingtörtchen erfunden, die unter dem Namen Pasteis de Nata ihren mittlerweile weltweiten Siegeszug angetreten haben.

TIPP

Wegen seiner vielen Vorzüge ist Lissabon in der jüngeren Vergangenheit sehr populär geworden. Wer die Stadt von ihrer ruhigeren und authentischeren Seite kennenlernen möchte, sollte in der Nebensaison von November bis März reisen – auch dann gibt es hinreißend schöne Tage.

Die alten Wagen der Linie 28 rattern durch Lissabons Altstadt, als wäre die Zeit stehen geblieben (1) – ein schriller Kontrast zu Lissabons hypermodernem Expo-Gelände (2). Der Torre de Belém an der Tejomündung ist eines der bekanntesten Wahrzeichen Lissabons (3). Typisch portugiesisch: der Bacalhau (4).

11 LINIE 28 Bahnromantik pur

Eigentlich ist sie eine ganz normale Straßenbahnlinie, die zwischen dem Largo Martim Moniz nördlich der Baixa und dem Cemitério dos Prazeres im Stadtteil Campo de Ourique verkehrt. Dennoch aber hat es die Linie 28 zu einer der beliebtesten Attraktionen der Stadt gebracht. Das hat mehrere Gründe: Zum einen stammen die Waggons aus den 30er-Jahren des 20. Jahrhunderts, was für nostalgisches Flair sorgt. Zum anderen bewegen sie sich auf einem abenteuerlich schmalen Parcours durch die engen Gassen der Alfama, was liebenswert kurios ist. Nicht zuletzt handelt es sich um ein preiswertes Vergnügen: Das Einzelticket kostet 3 Euro, deutlich weniger als bei den Anbietern von Touristenfahrten.

TIPP

Wer die gesamte Strecke abfahren möchte, steigt am besten am Largo Martim Moniz im Zentrum der Stadt ein. Hier startet die Bahn, daher sind die Chancen auf einen Sitzplatz hier am besten. www.carris.pt

12 EXPO-GELÄNDE Lissabons Zukunft

Das alte Lissabon ist toll – doch auch das Neue kann sich sehen lassen. Das gilt vor allem für das Gelände der Expo 98 am Parque das Nações. Im Nordosten der Stadt am Tejo gelegen, präsentiert sich Portugal von seiner modernsten Seite. Erster Blickfang ist die spektakuläre Ponte Vasco da Gama, die sich auf mehr als 12 Kilometern über den Fluss spannt. An Land bestimmen futuristische Pavillons das Bild. In einem davon befindet sich das Aquarium (www.oceanario.pt), das die Wasserwelten aller Klimazonen unter einem Dach vereint. Ebenfalls sehenswert: der von Santiago Calatrava geplante Bahnhof Oriente.

TIPP

Auch Schnäppchenjäger kommen hier auf ihre Kosten: Das Centro Vasco da Gama ist eine Shopping Mall mit 170 Geschäften, die zum Teil bis 23 Uhr geöffnet sind. www.centro-vascodagama.pt

13 BELÉM Kapitale der Seefahrer

Kein Besuch von Lissabon ist ohne Belém vollständig. Der Ort entfaltet sich in unmittelbarer Nähe zur Mündung zwischen dem Tejo und einer sanft ansteigenden Hügelkette. Am Wasser erinnert die 35 Meter hohe Torre de Belém an die Glanzzeit der Seefahrt im 15. und 16. Jahrhundert, als Portugiesen von hier aus in alle Weltmeere aufgebrochen sind. Aus derselben Epoche stammt das grandiose Mosteiro dos Jerónimos, das spätgotische Baukunst mit maritimen Elemente verbindet.

TIPP

Nach so viel Kultur ist es Zeit für einen Snack: Erst die frischen Sardinen verkosten, die fliegende Händler am Straßenrand grillen. Und anschließend ab zur Bäckerei Pasteis de Belém (pasteisdebelem.pt), wo die köstlichen Pasteis de Nata erfunden wurden.

14 ELEVADOR Steil nach oben

Lissabon liegt wie Rom auf sieben Hügeln und die Höhenunterschiede sind beträchtlich. Um die Waden nicht bei jedem Spaziergang zu strapazieren, haben sich die Portugiesen etwas einfallen lassen. So verbinden drei sogenannte »funiculars« Ober- und Unterstadt. Noch spektakulärer aber ist der Elevador de Santa Justa. Der aus Gusseisen gefertigte Standaufzug stammt aus dem Jahr 1902 und verbindet die Baixa auf elegante Weise mit dem höher gelegenen Stadtteil Chiado.

TIPP

Tickets für eine Hin- und Rückfahrt kosten 5,30 Euro (www.carris.pt). Wer sich nicht in den betagten Aufzug traut, kann einfach das oberste Stockwerk der Konstruktion besuchen, wo sich eine Aussichtsplattform befindet.

15 TIME OUT MARKET Ab in die Food Hall

Wie schmeckt Lissabon? Diese Frage beantwortet auf engem Raum der Time Out Market. Er vereint unter einem Dach 26 Restaurants, acht Bars, gut ein Dutzend Geschäfte und eine Live-Bühne. Zum Angebot gehören typisch portugiesische Spezialitäten wie Bacalhau (Stockfisch, bei Olho Bacalhau) oder das Fisch-Sandwich Prego (bei O Prego da Peixaria), aber auch gehobene Versionen international geläufiger Klassiker wie Sushi und Burger. Doch auch Vegetarier kommen auf ihre Kosten – zum Beispiel in Form eines fleischlosen Tatars (bei Tartar-ia).

TIPP

Die Academia Time Out organisiert regelmäßig Kochkurse. Das Niveau reicht dabei vom Anfänger bis zur Vorstufe des Sternekochs. www.timeoutmarket.com

Farbenfroh leuchten die
Häuser in Portos Oberstadt.

Unbeirrt von Fortschritt
und Zeit schaukeln die
ehrwürdigen Barkassen
auf dem Douro.

2 PORTO Stolze Stadt am Douro

Porto liegt malerisch auf einer Anhöhe am Nordufer des Douro. Auf der Südseite des Flusses zieht derweil Vila Nova de Gaia die Blicke auf sich. Beide Städte sind über sechs Brücken miteinander verbunden – am spektakulärsten ist der Ponte Dom Luis I., der gleich auf zwei Ebenen überquert werden kann. All dies bildet die perfekte Kulisse für eine atemberaubende Bootstour, die in Portos Ribeira startet.

TIPP

Die Touren dauern 50 Minuten und kosten 15 Euro (www.cruzeiroporto.com). Andere Reedereien bieten auch Tagesausflüge ins Dourotal an, wobei eine Strecke im Zug oder Bus zurückgelegt wird, www.anetours.pt

21 FRANCESINHA Der Food-Klassiker

Porto ist stolz auf seine kulinarischen Traditionen. Dazu gehört neben dem Portwein und dem Vinho Verde auch die Francesinha, ein üppig mit verschiedenen Fleischsorten, Käse und Ei belegtes Sandwich, das mit einer Sauce nach geheimer Rezeptur serviert wird. Weitere Spezialitäten sind Stockfischpasteten in der Casa Portuguesa de Pastel de Bacalhau und die Süßgebäcke der Leitaria da Quinta do Paço.

TIPP

Am besten lernen Besucher die Geheimnisse der Küche bei einer Food Tour mit den Locals von Taste Porto kennen, die nebenbei auch Einblicke in andere touristische Attraktionen bieten, www.tasteporto.com

Portugals Stararchitekt hat in Matesinhos ein Schwimmbad auf die Klippen gesetzt (1). Aus dem dahinter liegenden Meer ist der Weg in die Sardinenbüchse nicht weit (2).

22 FUNDAÇÃO DE SERRALVES

Kunst heute

Bei aller nostalgischen Anmut fällt das moderne Porto erst auf den zweiten Blick auf. Ein regelrechtes Gesamtkunstwerk ist die Fundação de Serralves, die sich auf halber Strecke zwischen City und Küste befindet. Die Sammlung umfasst hochkarätige Kunst, die von der Moderne bis zur Gegenwart reicht und von Wechselausstellungen bereichert wird.

TIPP

Nicht weniger schön ist der Parque de Serralves, der neben grandioser Gartenarchitektur und sehenswerten Bauten auch einen Skulpturengarten beherbergt, www.serralves.pt

23 MATESINHOS Ein Bad auf den Klippen

Den Platz am Ozean überlässt Porto dem Vorort Matesinhos, der mit der S-Bahn gut erreichbar ist. Hier hat Stararchitekt Álvaro Siza Vieira das Piscina des Marés errichtet, das sich nicht nur nahtlos in die Klippenlandschaft einfügt, sondern es möglich macht, geschützt vor der tosenden Brandung zu baden. Der Küstenort ist zugleich bekannt für die authentischen Fischlokale an der Rua Heróis De França.

TIPP

Ein ausgedehnter Spaziergang führt von Matesinhos bis zur Douro-Mündung. Von Foz aus fährt eine schöne Straßenbahn zurück ins Zentrum Portos. www.matosinhosport.com

Der Hafen von Marseille fällt neuerdings durch kühne Architektur auf.

FRANKREICH
Ein Fest fürs Leben

Savoir-vivre, hinreißende Städte, atemberaubende Landschaften, großartiger Wein und natürlich ein ausgeprägter Sinn für Romantik. Frankreichs Qualitäten sind hinlänglich bekannt. So bleibt nur die Frage, in welche Region es beim nächsten Kurz-Trip gehen soll.

Paris ist von zeitloser Schönheit. Doch es muss nicht immer die Welthauptstadt der Liebe sein. Zwar gibt es nur einen Montmartre und einen Eiffelturm. Das aber sollte niemanden davon abhalten, auch andere reizvolle Orte aufzusuchen. Ganz im Westen etwa verführt die Bretagne mit rauem Charme und einer wilden Küste. Im Osten Frankreichs ist das Elsass dank seiner Nähe zu Deutschland und der sanften Landschaften, aber auch wegen seiner wechselvollen Geschichte eine lohnende Destination. Und im Süden ist es neben der Côte d'Azur vor allem die Provence, die mit ihren intensiven Farben und liebenswerten Städten Besucher magisch anzieht. Während sich die Hafenstadt Marseille rundum erneuert präsentiert, kombinieren Aix-en-Provence, Arles und Avignon ursprünglichen Charme mit südländischer Lebensfreude.

DIE TOP 5 ATTRAKTIONEN IN FRANKREICH

STRASSBURG
Die historische Altstadt auf der Grande Île gehört zum UNESCO-Weltkulturerbe

PARIS
Brasserie Bouillon Racine – dinieren wie in der Belle Époque – Kunst zum Schwelgen im Musée d'Orsay

BRETAGNE
Der Zauberwald von Brocéliande, der schon Merlin magisch anzog

ARLES
Von Galliern gegründet, hat es auch Vincent van Gogh inspiriert

MARSEILLE
Das Museum MuCEM besticht durch seine außergewöhnliche Architektur

Flammkuchen ist weit verbreitet. Nirgendwo schmeckt er indes so gut wie im Elsass (1). Die Kathedrale von Straßburg muss die optische Konkurrenz der Fachwerkhäuser erdulden (2).

1 STRASSBURG Stadt in der Stadt

Eingerahmt vom Fluss Ill und dem Canal du Faux-Rempart, präsentiert sich die »große Insel« als eine Stadt in der Stadt. Sie ist etwa 1,25 Kilometer mal 750 Meter groß und über 21 Brücken oder Stege mit dem Festland verbunden. Angefangen mit dem gotischen Münster, befinden sich auf der Insel zugleich die Hauptsehenswürdigkeiten Straßburgs, bei denen französische und deutsche Einflüsse miteinander verschmelzen. Einen besonderen Stellenwert genießen die vielen Stadtpalais (»Hotels particuliers«).

TIPP

Viele Sehenswürdigkeiten auf engem Raum: Deshalb bietet sich in Straßburg eine Erkundung mit dem Fahrrad an. Wer nichts verpassen möchte, schließt sich einer geführten Tour zum Beispiel mit Cyclorama Strasbourg an,
www.cyclorama-strasbourg.com

11 ELSÄSSER WEINSTRASSE

Genuss pur

Von der Haute Cuisine bis zum Flammkuchen ist das Elsass bekannt für hervorragendes Essen. Nicht weniger grandios sind die Weine der Region. Zwischen Thann im Süden und Straßburg im Norden gedeihen vornehmlich sieben Rebsorten. Die wichtigsten Orte sind über die Elsässer Weinstraße miteinander verbunden. Viele Winzer verkaufen ab Hof, wo die Tropfen vorab verkostet werden dürfen. Unterwegs locken mit Reben bepflanzte Berge und verträumte Dörfer.

TIPP

Auf www.elsass-weinstrasse.com sind diverse Pakete mit Übernachtung, Winzerbesuch und Verkostung regionaler Spezialitäten buchbar. Ein Angebot für Nostalgiker: Mit dem VW-Bus im Retro-Look die Weinstraße entlang – das gibt garantiert tolle Bilder. Geschlafen wird aber im Hotel.

Die wunderschöne
neobarocke Pont Alexandre III
über die Seine wurde im
Jahr 1900 eröffnet.

Stolz thront die Wallfahrts-
kirche Sacré Cœur auf dem
130 Meter hohen Hügel des
Viertels Montmartre. Von dort
oben liegt dem Besucher ganz
Paris zu Füßen.

2 PARIS
Prickelnd wie Champagner

Auch wenn dieses lange Wochenende in der französischen
Metropole kein Geschenk zum Hochzeitstag ist, verlieben
werden Sie sich dennoch, in die Stadt, die wie keine andere auf der Welt Romantik, Nostalgie, Luxus und Savoir-vivre
verkörpert. Aber was macht diesen unvergleichlichen französischen Lebensstil aus? Sind es die imposanten Bauwerke,
die oft am Ende der weiten Sichtachsen der Prachtboule-
vards erstrahlen? Ist es die entspannte Leichtigkeit, die in den
zahlreichen Straßencafés herrscht? Ist es die lässige Eleganz
der dort vorbeischreitenden Pariserinnen? Sind es die Patis-
serien, in deren Schaufensterauslagen dekorative Törtchen
wie Juwelen ausliegen? Schönheit und Genuss scheinen das
oberste Gebot zu sein. Dieses Lebensgefühl ist nicht mit Wor-
ten zu beschreiben – man muss es erleben. Zwar bringt die
Metro den Besucher auf schnellste Weise von Ort zu Ort,
doch wirklich erschließen lässt sich die Stadt eigentlich nur
zu Fuß, indem Sie sich eins nach dem anderen die oft sehr
verschiedenartigen Stadtviertel vornehmen. Am besten lassen Sie sich treiben durch die exquisitesten Boutiquen in Saint
Germain des Prés, stöbern bei den Bouquinisten an der Seine
nach antiquarischen Büchern oder gehen auf Entdeckungs-
tour durch das quirlige Trendviertel Marais, das durchzogen
ist von vornehmen Stadtpalästen des 17. Jahrhunderts. Anschließend entspannen Sie sich im Lieblingspark der Pariser,
dem gepflegten Jardin du Luxembourg, denn nachher lässt
es sich in der nahe gelegenen Brasserie Bouillon Racine
vorzüglich speisen. Zwar ist die Dichte an Sternelokalen in
Paris europaweit wohl am höchsten, denn essen bedeutet
für unsere französischen Nachbarn weit mehr als bloße Nah-
rungsaufnahme und ähnelt fast schon einem religiösen Ritus.
Aber warum nicht einmal in einer typischen Brasserie der Belle Époque dinieren? Die ehemalige Suppenküche für Arbeiter
aus dem Jahre 1909 besticht durch feinstes Jugendstildekor

»GANZ PARIS TRÄUMT VON DER LIEBE,
DENN DORT IST SIE JA ZUHAUS«, SO EIN
FÜNFZIGERJAHRE-HIT VON CATERINA VALENTE
– UND SIE IST EINE STADT DER KÜNSTE,
DIE NACH WIE VOR JUNGE KÜNSTLER DER
AVANTGARDE UND DESIGNER ANZIEHT.

und ebenso dekorativ angerichteten Speisen. Bringen Sie,
wie die Franzosen sagen, zwischen verschnörkelten Jugend-
stilranken, Messingleuchtern und vergoldeten Spiegeln Ihre
Geschmacksknospen zum Erblühen.

TIPP

Besonders angenehm ist eine individuell geführte Tour, auf
der man sich ganz ohne Buch oder Stadtplan an die Hand
nehmen lässt, während einem auch persönliche Fragen sowohl zu Kunst- und Stadtgeschichte als auch zu Land und
Leuten beantwortet werden. Deutschsprachige Individu-
altour, www.paris-infoweb.de oder www.parisindividuell.de

Die über hundert Jahre alte Stahlkonstruktion des Eiffelturmes zieht gerade Erstbesucher magnetisch an.

2.1 SEINEFAHRT Romantik garantiert

Schon seit den Anfängen von Paris ist die Seine die pulsierende Lebensader der Stadt. Der Weg auf der Seine und unter den eleganten Brücken hindurch ist ideal, den Stadtkern in seiner Länge zu durchqueren. Am besten am Abend, wenn die untergehende Sonne die mehr als 20 Brücken in rosafarbenes Licht taucht und die Wellen zu funkeln beginnen wie auf einem impressionistischen Gemälde. Mit Einbruch der Dunkelheit werden Eiffelturm, Louvre, Place de la Concorde oder Notre-Dame exzellent illuminiert.

TIPP

Sich auf dem Schiff mit einem französischen Dinner verwöhnen lassen – einfach mit dazu buchen. Sehr nostalgisch: der »Calife«, www.calife.com

2.2 DER EIFFELTURM Das Wahrzeichen

Erstbesucher von Paris werden von ihm magnetisch angezogen. Am besten nähern Sie sich dem Stahlkoloss, wenn Sie an der Metrostation Trocadero aussteigen und ihn vom gleichnamigen, etwas höher gelegenen Platz aus bewundern. Auf dem anschließenden Weg über die Seinebrücke lässt sich die filigrane Stahlkonstruktion aus der Nähe betrachten oder man begibt sich in die Höhe, um auf der Spitze des Turms, vielleicht bei einem Glas Champagner, die grandiose Aussicht zu genießen.

TIPP

Eine Vorreservierung über die Internetseite ist ratsam. Sportliche können die billigeren Treppen auch zu Fuß bis zur Hälfte erklimmen. Kartenreservierung, www.eiffeltickets.com

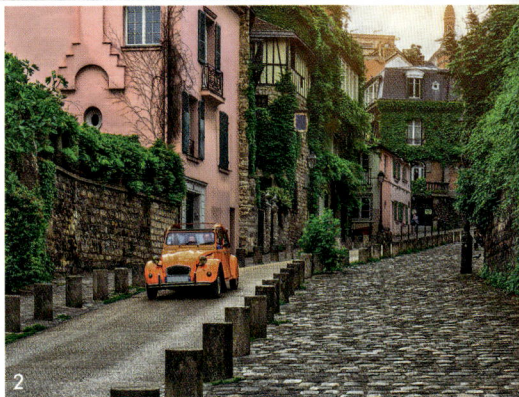

Laut einer Redensart in Paris soll die Liebe ewig halten, wenn man sich unter der Brücke Pont Neuf küsst (1). Überall am Montmarte-Hügel zieht es den Besucher Richtung Kathedrale Sacré Cœur (2).

2.3 MONTMARTRE Künstlerdorf mit Charme

Es lohnt sich auf dem alten Pflaster die engen, schlängelnden Gassen des Hügels hochzusteigen. Vorbei an Delikatessenläden und Cafés geht es auf den Spuren weltbekannter Maler zur lebhaften Place du Tertre, wo man weniger bekannten Künstlern bei der Arbeit zuschauen kann. Ein wundervoller Aussichtspunkt sind die Treppen der weißen, orientalisch anmutenden Kirche Sacré Cœur, auf denen uns das Dächermeer von Paris zu Füßen liegt.

TIPP

Am Fuße des Hügels liegt das Café des Deux Moulins, Drehort für den Film »Die fabelhafte Welt der Amelie«. Dort unbedingt probieren: Creme brulée, www.cafedesdeuxmoulins.fr

2.4 MUSÉE D'ORSAY Kunst im Bahnhof

Das Musée d'Orsay ist sicher dasjenige, das den französischen Lebensstil am besten widerspiegelt. Der imposante ehemalige Belle-Époque-Bahnhof ist in der Tat eine architektonische Meisterleistung. Unter den prunkvollen Kuppeln und der imposanten Mittelhalle mit der überdimensionalen Uhr finden sich weltberühmte Gemälde und Skulpturen aus dem 19. und 20. Jahrhundert.

TIPP

An den verkehrsberuhigten Uferpromenaden vor dem Museum oder auf einer der Liegen, die auf schwimmenden Gärten der Seine bereitstehen, lässt sich hervorragend entspannen: bei einem Drink einfach die Schiffe vorbeiziehen lassen.

3 BRETAGNE Wald voller Magie

Um den märchenhaften Wald von Brocéliande ranken sich viele Legenden: Den sagenhaften Zauberer Merlin, so heißt es, habe einst die Liebe zur schönen Fee Viviane vom Hof des König Artus weg und in diesen Wald gezogen. Wer vom kleinen Weiler Tréhorenteuc aus in den grün-goldenen Schatten der Bäume eintaucht, wandert am Feenspiegel-See vorbei und gelangt dann in das verwunschene Tal ohne Wiederkehr.

TIPP

Nahe dem Tal ohne Wiederkehr schimmert ein mit Gold überzogener Baum durch das Blattwerk. Der zauberhafte »Arbre d'Or« erinnert an die Wiederaufforstung nach einem verheerenden Waldbrand, www.la-bretonelle.de

3.1 PHARE D'ECKMÜHL Wächter aus Stein

Der Phare d'Eckmühl im kleinen Fischerort Penmarc'h zählt mit 60 Metern Höhe zu den höchsten Leuchttürmen Europas. Seit mehr als hundert Jahren weist sein Licht den Schiffen den Weg durch die gefährlichen Klippen. Wer die schier endlose Wendeltreppe im opalverglasten Inneren erklimmt, erreicht nach insgesamt 307 Stufen die Galerie und wird mit einer atemberaubenden Aussicht belohnt.

TIPP

Besonders stimmungsvoll ist eine nächtliche Leuchtturmvisite, wenn die Sterne funkeln und der Lichtkegel des Turms kilometerweit über Land und Wasser streift, www.bretagne-reisen.de

Der märchenhafte Wald von Brocéliande ist ein Überbleibsel der riesigen Wälder, die einst das gesamte Landesinnere der Bretagne bedeckten (1). Leuchttürme säumen die gefährlichen Küstenabschnitte der Bretagne. Früher war Leuchtturmwärter ein harter Job; inzwischen sind die Signalfeuer automatisiert (2). Die unter Wasser verborgenen Klippen machen die Gewässer zwischen der Pointe du Raz und der Île de Sein zu einer höchst gefährlichen Schifffahrtspassage (3).

3.2 DIE CALVAIRES Bilderbuchbibeln

Ein Highlight auf manchen bretonischen Kirchhöfen sind die Calvaires (Kalvarienberge): Die meist aus Granit gemeißelten Kreuzigungsgruppen stehen auf einem steinernen, mit Figuren geschmückten Sockel. Die detailreichen Szenen stellen zentrale biblische Geschichten dar. Die anrührenden Figuren trotzen seit Jahrhunderten dem Wind und der salzhaltigen Luft, die ihre Konturen allmählich verschwimmen lassen.

TIPP

In vielen Kirchengemeinden werden bei den Pardons, den alljährlichen Prozessionen, Heiligenfiguren durch die Straßen getragen; manche der Gläubigen tragen dabei ihre traditionellen Festtagstrachten, www.7calvaires.fr

3.3 POINTE DU RAZ Ende der Welt

Wenn der Wind an den Kleidern reißt, die Wellen sich donnernd an den Felsklippen brechen und die Gischt meterhoch spritzt – dann kann man nachvollziehen, warum die Pointe du Raz den Beinamen »Ende der Welt« trägt. Wie ein Keil ragt das Kap in den Atlantik hinaus, mehr als 70 Meter hoch türmen sich die Felsen über dem Meer. Das Naturdenkmal ist einer der Besuchermagneten der Bretagne.

TIPP

Vom Besucherzentrum am Parkplatz pendelt ein Shuttlebus zur Spitze. Wer gut zu Fuß und schwindelfrei ist, sollte aber den Küstenwanderweg nehmen, der spektakulär am Rande der Klippen verläuft, www.finistere-tourismus.com

Mondän ist der Hafen von Marseille schon lange. Seit der Fertigstellung des Museums der Zivilisation Europas ist er auch modern (1 u. 2). Einsam bleibt derweil der Nationalpark Calanques (3).

4 MARSEILLE Glamour und Tradition

Mit seiner Kulisse aus azurblauem Wasser, Jachten von beeindruckender Größe, gepflegten Häusern und dem hügeligen Hinterland ist der Hafen von Marseille so etwas wie der Inbegriff mediterranen Glamours. Die Stadt ist eine griechische Gründung und heute die zweitgrößte Frankreichs. Unmittelbar hinter dem Hafen erhebt sich mit Le Panier die ebenso sehenswerte Altstadt. Bis vor Kurzem waren die engen Gassen vor allem von Traditionen geprägt. Mittlerweile aber nehmen sie mehr und mehr die Züge eines Trendviertels an.

TIPP

Am Quai des Belges findet jeden Morgen von 8–13 Uhr ein Fischmarkt statt. Kenner wissen zudem, dass rund um den Hafen die berühmte Bouillabaisse serviert wird. Wer mag, kann über das Tourismusbüro einen speziellen Kochkurs buchen, marseille-tourisme.com

4.1 DAS MUCEM Die Welt im Döschen

Ein Museum der Zivilisationen Europas und des Mittelmeers klingt ambitioniert. Damit es genug Aufmerksamkeit bekommt, haben sich die Architekten Rudy Ricciotti und Roland Carta eine sehenswerte Behausung ausgedacht: Der unmittelbar am Hafen gelegene Kubus ist von einem raffinierten, lichtdurchlässigen Netz aus Betonverstrebungen umgeben, die ihre Wirkung nicht verfehlen: Seit der Eröffnung 2013 sind jedes Jahr mehr als eine Million Besucher gekommen, um sich die Blockbuster-Ausstellungen anzusehen – und das Gebäude.

TIPP

Das im Rahmen der Europäischen Kulturhauptstadt 2013 lancierte MuCEM legt großen Wert auf Offenheit. Die kostenlose Fußgängertour führt unter anderem über frei schwebende Rampen zur Dachterrasse und zum angrenzenden Fort Saint-Jean, www.mucem.org

42 CALANQUES NATIONAL PARK

Stille Wasser

Nur wenige Kilometer südlich von Marseille wartet mit dem Nationalpark Calenques eine der schönsten Landschaften des Mittelmeers darauf, entdeckt zu werden. Direkt an der Küste gehen schroffe Felsen, bis zu 565 Meter hohe Berge und eine üppige mediterrane Vegetation eine bezaubernde Allianz ein. Weil die Zivilisationsspuren eher rar sind, vermittelt der Nationalpark eindrucksvoll, wie der Süden Frankreichs einmal ausgesehen hat. Absolutes Highlight sind die Buchten mit glasklarem Wasser, die nur per Boot zu erreichen sind.

TIPP

Von Marseille aus bieten einige Reedereien Ausflüge in den Nationalpark an, entweder mit Motorbooten oder auf einem Katamaran. Sie dauern zwischen drei und viereinhalb Stunden, www.bleuevasion.fr und www.calanques-parcnational.fr

Für Künstler und Lebenskünstler: ein schattiges Plätzchen in Aix-en-Provence.

4.4 ARLES · Auf den Spuren van Goghs

Ausgedehnte Lavendel- und Sonnenblumenfelder gehören zu den unverwechselbaren Markenzeichen der Provence. Schon Vincent van Gogh vergaß vorübergehend alle Sorgen, als er in den Genuss dieser Augenweide kam. Seine Heimatbasis Arles war ein entzückendes Städtchen, dessen Erscheinungsbild sich seit Ende des 19. Jahrhunderts kaum verändert hat. Blickfang ist das römische Amphitheater mit seinen beeindruckenden Kolonnaden. Wer seine eigenen Wege geht, findet sicherlich noch immer Szenen, die auch van Gogh gemalt hätte.

TIPP

Wer auf den Spuren von Vincent van Gogh wandeln möchte, findet einige Originalschauplätze seiner Gemälde auf folgender Webseite. Besichtigungen sind auch ohne Führung möglich, www.vangoghroute.com/france/arles/

4.3 AIX-EN-PROVENCE · Vive la France

Von den Römern gegründet, präsentiert sich Aix-en-Provence heute als elegante Stadt, die den Vergleich als kleine, provenzalische Version von Paris nicht scheut. Die historische Bausubstanz und die schattenreichen Alleen aber besitzen durchaus eigenen Charme. Sehr südländisch sind auch die Märkte, die anscheinend auf allen Plätzen zu finden sind. Nicht selten sprudelt in der Mitte ein Springbrunnen – eine Erinnerung an die römischen Wurzeln –, umgeben von Cafés und Restaurants, wo die Menschen das Leben genießen.

TIPP

Typisch französisches Flair verbreitet die Cours Mirabeau. Sie ist von Platanen und gepflegten Häusern gesäumt, in denen schicke Boutiquen untergebracht sind. Besonders schön sitzt man in der Brasserie Les Deux Garçons, www.les2garcons.fr

4.5 AVIGNON · Das Exil der Päpste

Für das Lied, das die Ruine der Pont Saint Bénézet besingt, ist Avignon weltweit bekannt. Viel interessanter aber ist ein Bauwerk, das sich ganz in der Nähe erhebt: das Palais des Papes, das größte gotische Bauwerk der Welt. Zwischen 1309 und 1403 diente es als Sitz von neun Päpsten, die Avignon aus politischen Gründen zum vorübergehenden Mittelpunkt des Christentums gemacht hatten. Das Mauerwerk ist so mächtig, dass es in den Räumen auch bei größter Hitze kühl bleibt – ein angenehmer Ruhepol, www.palais-des-papes.com

TIPP

Nur 27 Kilometer von Avignon entfernt, erhebt sich der Pont du Gard, ein weiteres Bauwerk, das als Sternstunde der Menschheit gilt. Das Aquädukt mit drei Ebenen ist Teil einer 50 Kilometer langen Wasserstraße, die zu den am besten erhaltenen Bauten der Römer zählt.

Stolzes Relikt aus der römischen Vergangenheit: das Amphitheater von Arles, das heute als Stierkampfarena dient.

Die Brücke Pont Saint Bénézet in der Nähe des Papstpalastes von Avignon kennt fast jedes Kind. Sie ist in dem Lied »Sur le Pont d'Avignon …« gemeint.

BELGIEN
Ein unterschätztes Land

An Vielfalt fehlt es in Belgien nicht: Das Land ist die Heimat von Flamen und Wallonen. Es gibt drei offizielle Sprachen, und Brüssel fungiert inoffiziell als Hauptstadt der Europäischen Union. Das bürgt für eine spannende Kombination von Einflüssen, die sich nicht nur in einer reichen Historie niederschlagen.

Flandern gehörte lange Zeit zu den Niederlanden. Erst 1830 spalteten sich die Südprovinzen ab, um fortan Bestandteil Belgiens zu werden. Die Geschichte allerdings lebt in zauberhaften Städten wie Antwerpen, Brügge und Gent bis heute fort, wobei vor allem die flämische Architektur vergangener Jahrhunderte grandiose Akzente setzt. Auch verstehen sich die katholischen Flamen besser auf die Kunst des Genießens als ihre vorwiegend protestantischen Nachbarn. Diese Lebensfreude drückt sich unter anderem in einer einzigartigen Biervielfalt und einer hervorragenden Küche aus. Die Wallonie wird von den wunderbaren Mittelgebirgslandschaften der Ardennen und von Industriekultur bestimmt. Die Vorzüge beider Landesteile finden in Brüssel zusammen: Die Metropole Belgiens ist ebenso kosmopolitisch wie lebensfroh.

DIE TOP 5 ATTRAKTIONEN IN BELGIEN

ART NOUVEAU
Brüssel bezaubert mit Jugendstil

DAS ATOMIUM
Unverwechselbare architektonische Ikone

LEUVEN
Welthauptstadt des Bieres

BRÜGGE
Mittelalterliche Stadt, von Grachten durchzogen

GROENINGE MUSEUM
Glanzstücke flämischer Malerei

1

Wer in Brüssel ausgeht, findet sich mit einiger Sicherheit in einem Art-déco-Bau wieder (1). Die Grand Place in Brüssel kündet von einem kaum vorstellbaren Reichtum, mit dem die Stadt schon seit dem Mittelalter gesegnet ist (2).

11 DAS ATOMIUM Die Chemie stimmt

Neun atomförmige Räume, die über Gänge miteinander verbunden sind und auf diese Weise eine Bauhöhe von 102 Metern erreichen. Diese Idee hat der Ingenieur André Waterkeyn anlässlich der Weltausstellung von 1958 lanciert, um für eine friedliche Nutzung der Atomenergie zu werben. Während sich immer mehr Länder von der Kernenergie verabschieden, hält sich das Atomium eisern. Dabei ist es über die Jahrzehnte zum ultimativen Wahrzeichen Brüssels aufgestiegen. Die Aussicht von oben ist majestätisch, der Anblick eine Augenweide.

TIPP

Das Atomium fungiert gleichzeitig als Ausstellungshaus. In den Sommermonaten ist es an ausgesuchten Freitagabenden bis 22 Uhr geöffnet. Zum krönenden Abschluss wird dann ein Feuerwerk rund um die Atome gezündet – Stoff für einmalige Bilder, www.atomium.be

1 BRÜSSEL Art Nouveau

Ende des 19. Jahrhunderts gab es in vielen europäischen Metropolen den Traum, die Städte mit opulent verzierten Wohnhäusern aufzuwerten. Kaum irgendwo konnte sich dieser Trend so nachhaltig manifestieren wie in Brüssel. Bis heute zählt das Stadtgebiet mehr als 500 gut erhaltene Bauten, wovon vier von Victor Horta entworfene zum UNESCO-Weltkulturerbe erklärt wurden. In der Regel ist hier auch der ganzheitliche Ansatz zu erkennen, der auch Möbel, Ziergegenstände, Geschirr und Haute Couture umfasste.

TIPP

Das Horta-Museum gehört zu den schönsten Bauten, dicht gefolgt vom Museum für Musikinstrumente. Einmal im Jahr stehen im Rahmen eines Festivals weitere Jugendstilgebäude für zwei Wochen dem Publikum offen, www.banad.brussels, www.hortamuseum.be, www.mim.be

12 DIE GRAND PLACE Goldene Zeiten

Mit Gold verzierte Häuser flankieren die Grand Place. Damit wollten einst die ansässigen Gilden ihren Wohlstand betonen. Bedeutendster Blickfang allerdings ist das Stadhuis von 1402, das von einem 96 Meter hohen Turm überragt wird. Sein einheitliches Erscheinungsbild verdankt der Platz einem Angriff der Franzosen: Beim Wiederaufbau nach der Zerstörung 1695 achtete der Stadtrat auf gleichförmige Pläne. Alle zwei Jahre wird hier ein riesiger Teppich aus Hunderttausenden Blumen verlegt.

TIPP

Kleiner, kaum weniger prächtig, aber deutlich weniger besucht ist der Marktplatz von Leuven – binnen 25 Minuten mit dem Zug erreichbar. Leuven trägt zudem den Titel Bierhauptstadt der Welt: Hier wird das berühmte Stella Artois gebraut.

Das Atomium versteht sich als Inbegriff von Modernität und Fortschrittsglaube.

Ruhe und Beschaulichkeit findet man an den Grachten und Kanälen (1) und stets im Beginenhof (2). Es gibt immer etwas zu entdecken, seien es Schnäppchen auf dem Trödelmarkt (3) oder wunderbar gestaltetes Naschwerk (4).

2 BRÜGGE Widerstand zwecklos

Schon allein der betörende Duft am Eingang zur Choco-Story ist pure Verführung. Das Schokoladenmuseum erklärt die Schokoladenherstellung ebenso wie die Bedeutung des »schwarzbraunen Goldes« für die einstige flandrische Handelsmetropole. In einer Schaumanufaktur lässt sich die Fertigung der schokoladigen Köstlichkeiten verfolgen und natürlich verkosten, www.choco-story-brugge.be

TIPP

Schokolade auf der Haut ist wohltuend, sinnlich und ausgesprochen gesund. Einige Wellnessanbieter in Brügge offerieren damit entspannende Anwendungen und Massagen, www.annvandamme.be

2.1 RUHE BITTE Gartenidyll

Ein Beginenhof soll ein Ort der Stille sein und der Besinnung. Darauf wird jeder Besucher hingewiesen, der durch eines der beiden Portale den touristischen Trubel verlässt und die Wohnanlage der frommen Frauen »Begijnhof Ten Wijngaarde« betritt: ein inselgleiches Parkidyll mit hohen, vom Wind gezeichneten Bäumen und Kopfsteinpflasterwegen, umgeben von den typischen weißen Fassaden der Häuser und Mauern.

TIPP

Noch verträumter, noch ruhiger sind die kleinen Siedlungen der *godshuisjes* (= Gotteshäuschen), deren geduckte Fassaden und charakteristische Giebel gepflegte Gärten umgeben, Godshuis De Meulenaere, Nieuwe Gentweg.

22 STADTVERFÜHRUNG Schokogeheimnisse

Die Stadterkundung auf den Spuren der allgegenwärtigen Schokolade führt zu wenigstens drei Brügger Chocolatiers und gibt einen umfassenden, unterhaltsamen und natürlich leckeren Einblick in ein sinnliches Handwerk. Vom Lippenstift bis zum Champagnertrüffel wird alles zum wohlfeilen Genuss in Form gebracht. Dazu gibt es reichlich Informationen, warum Schokolade auch gesund sein kann, www.hellobruges.com

TIPP

Viele Restaurants bieten kreative Menüs mit Schokolade an, die längst nicht nur im Dessert zu finden ist. Schokoladenaroma verfeinert Salate und Saucen und verleiht der Speisenfolge ein unerwartet pfiffiges Flair, www.mangerie.com

23 WASSERSPIELE Venedig Flanderns

Bei einer Bootsrundfahrt durch die zahlreichen Grachten erscheint die mittelalterliche Pracht Brügges noch eindrucksvoller. Begleitet von einer frischen Brise gleitet das Ausflugsboot unter sanft gebogenen Brücken hindurch (Kopf einziehen!), über denen sich verspielte Giebel, Fassaden und imposante Kirchtürme erheben. Sie spiegeln sich im ruhigen Wasser und ragen weit hinauf in den tiefblauen Himmel.

TIPP

Am Rozenhoedkaai, einem populären Selfie-Motiv, nimmt die Gracht die Ausmaße eines kleinen Sees an, der ein ungetrübtes Spiegelbild des Belfried und der umliegenden Fassaden widergibt. Besonders romantisch in der Dämmerung.

24 KUNST UND KITSCH Sammlers Paradies

Unmittelbar am Ufer einer Gracht und mit herrlicher Aussicht auf die Stadt findet auf dem von Linden gesäumten Platz De Dijver vom Frühling bis in den Herbst hinein jedes Wochenende ein beliebter Flohmarkt statt. Trotz der relativ geringen Fläche bieten die Stände eine Fülle von originellen Objekten, vom ausgefeilten Kunsthandwerk bis zum klassischen Trödel. Toll zum Gucken, toll zum Bummeln, toll für Schnäppchenjäger.

TIPP

Gleich gegenüber des Dijver und nahe dem Grote Markt gelegen, greifen im Hotel De Tuilerieen insgesamt 45 individuelle, komfortable Zimmer die einzigartige Atmosphäre der Stadt auf, www.hoteltuilerieen.com

25 MARKT UND BURG Brügges zwei Herzen

Üppige Fassaden und prächtige Gebäude, die eine stolze Historie bezeugen, säumen den Grote Markt und den Burgplatz, überragt vom 83 Meter hohen Belfried (366 Treppenstufen bis ganz oben). Der Klang seines Glockenspiels vermischt sich mit dem kosmopolitischen Stimmengewirr auf den Plätzen und den Restaurantterrassen und mit dem Hufgetrappel der Pferdekutschen.

TIPP

Dem Kult in Belgien um frittierte Kartoffelstäbchen trägt das Friet Museum Rechnung. Der Rundgang durch die Geschichte der Erdäpfel endet in einer typischen Frittur, probieren erwünscht. www.frietmuseum.be

Die Türme von St. Bavo und der Belfried überragen das Zentrum Gents. Der Künstler-Brüder Jan und Hubert Van Eyck gedenkt das Monument zu Füßen der Kathedrale.

26 GENT Berühmtes Lamm Gottes

Mächtige Kirchtürme prägen die Silhouette Gents. Insbesondere der Turm von St. Bavo, der geschichtsträchtigen Kathedrale, dessen Inneres wertvolle Kunstschätze birgt, beispielsweise ein Meisterwerk von Rubens. Glanzstück ist jedoch der weltberühmte Genter Altar von Jan und Hubert van Eyck, von dem eine rätselhaft mystische Faszination ausgeht. Das Lamm Gottes steht dabei im Mittelpunkt.
www.sintbaafskathedraal.be

TIPP

Eine komfortable, kostengünstige Unterkunft ist das Aparthotel Castelnou südöstlich des Zentrums – ideal für Ausflüge und Spaziergänge durch die historische Handelsstadt, www.reservations.cubilis.eu/castelnou-aparthotel-gent

27 WEGE AM WASSER Stolze Häuser

Schelde und Leie treffen hier aufeinander, bevor sie Richtung Nordsee streben. Die historischen Grachten zeugen noch heute von Gents Blütezeit als begehrter Handelsplatz. Während einer Bootsfahrt über die Wasserstraßen gleiten die beeindruckenden, teils jahrhundertealten Fassaden an Graslei und Korenlei und die prächtigen Gebäude wie die Fleischhalle oder die imposante Burg Gravensteen vorüber.

TIPP

Gent ist ein Mekka der Lichtkunst, deshalb macht eine Stadtwanderung, eine Lichtwandeling, nach Einbruch der Dämmerung besonders viel Spaß. Die Grachten und die Fassaden der Altstadt bekommen dabei eine geradezu magische Anmutung, www.stad-gent.be, www.visit.gent.be

Von bunten Blumen gesäumt
gleicht vor allem im Frühjahr
eine Bootsfahrt durch die
Grachten und Kanäle einer
kleinen Zeitreise.

Wie gemalt: Windmühlen an
der Zaanse Schans.

NIEDERLANDE
Kleines Land so groß

Sie mögen klein sein. Doch auf engem Raum haben die Niederlande so manchen Superlativ zu bieten. Einmalig ist dabei die Kombination aus makellosen Stränden und einem Hinterland, in dem eine Vielzahl historischer Städte auf ihre Entdeckung wartet.

Amsterdam ist ohne Zweifel eine der schönsten Städte der Welt. Jeder möchte mindestens einmal im Leben den Grachtengürtel besuchen und Rembrandts »Nachtwache« aus nächster Nähe sehen. Doch der Rest des Landes steht der Hauptstadt nur wenig nach – und ist auch ohne Auto ziemlich gut erreichbar. Mit Utrecht, Haarlem, Leiden, Gouda, Den Haag oder Delft sind von Amsterdam aus ein halbes Dutzend geschichtsträchtiger Städte in weniger als einer Stunde zu erreichen. Sie alle besitzen ihren eigenen Charakter und ihre Anziehungspunkte. Hinzu kommt die Metropole Rotterdam, die sich vom Rest des Landes abhebt, indem sie konsequent den Fortschritt sucht. Nur einen Steinwurf entfernt breitet sich auf Inseln und Halbinseln die Provinz Zeeland aus. Hier ist das Leben ländlicher und bedächtiger, ja, die Zeit scheint fast stillzustehen.

DIE TOP 5 ATTRAKTIONEN DER NIEDERLANDE

GRACHTENGÜRTEL AMSTERDAM
Wasserstraßen flankiert von zauberhaften Häusern

MUSEUMSLANDSCHAFT
Kulturschätze aus dem Goldenen Jahrhundert bis zu grandioser Moderne

DAS UNERKUNDETE UFER
Das angesagteste Viertel Amsterdams – Noord

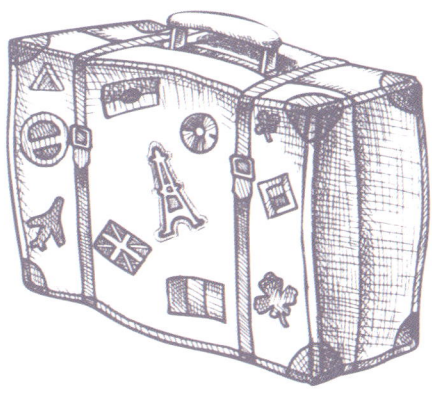

DIE BADELANDSCHAFTEN ZEELANDS
Tosende Brandung, endloser Strand in Renesse und Domburg

KLEINSTADTROMANTIK
Reizendes mittelalterliches Städtchen Zierikzee

1 AMSTERDAM

Stadt der Grachten und Giebel

Herrschaftliche Patrizierhäuser mit Treppen- oder Glocken-
giebeln, das gelblich schimmernde Abendlicht, das sich im
Wasser spiegelt und die vielen Brücken – all dies macht
Amsterdam einmalig. Hinzu kommen Museen von Weltklas-
seformat. Schließlich sollte jeder wenigstens einmal die Werke von Rembrandt, Vermeer und Van Gogh im Original gesehen haben. Doch das ist längst nicht alles: Amsterdam ist ein
Schmelztiegel mit mehr als 180 Nationalitäten, weshalb sie
nicht zuletzt kulinarisch eine ungeheure Vielfalt zu bieten hat.
Außerdem wären da noch die Nordsee und das Ijsselmeer,
die mit etwas Kondition beide mit dem Fahrrad erreichbar
sind. Die wohl größte Qualität der Stadt aber sind ihre to-
leranten und erfindungsreichen Bewohner, die stets ein bisschen besser gelaunt zu sein scheinen als der Rest der Welt.

TIPP

Das historische Zentrum von Amsterdam ist ein Traum. Wer
aber den Touristenströmen aus dem Weg gehen will, sollte
die Viertel außerhalb des Grachtengürtels erkunden. Hier
halten sich die Einheimischen auf – und kulinarisch und kultu-
rell ist es hier auf jeden Fall um einiges interessanter.

Amsterdam mag alt sein, doch die Stadt ist alles andere als museal. Die Wasserbecken vor dem Rijksmuseum bieten sich bei großer Hitze auch für ein Fußbad an.

Glockenförmig oder wie eine Treppe geformt? Heiteres Giebelraten gehört zu einem Amsterdam-Besuch dazu (1). Die ehemalige NDSM-Werft ist heute ein Sammelbecken für Kreative (2).

12 MUSEUMSPLEIN Kunst-Marathon

Rembrandts Nachtwache, ausgestellt in der Ehrengalerie des Rijksmuseums, gemeinsam mit Meisterwerken von Jan Vermeer, Frans Hals und anderen Protagonisten des Goldenen Zeitalters – für jeden Kunstfan ist der Anblick des Originals unvergleichlich. Nur einen Steinwurf entfernt ist im Van Gogh Museum die größte Sammlung von Werken des einst verkannten Genies zu bewundern. Das Stedelijk Museum hingegen bietet Ikonen der Kunst und des Designs aus dem 20. Jahrhundert – von Picasso über Mondrian bis hin zu Warhol oder Pollock.

TIPP

Die »iamsterdam card« gewährt freien Zugang zu rund 60 Museen und Attraktionen. Sie ist für 60 bis 105 Euro für einen bis fünf Tage erhältlich – inklusive Nutzung des Öffentlichen Nahverkehrs, www.iamsterdam.com

11 GRACHTENGÜRTEL Das Herz der Stadt

Die Stadt selbst ist die Hauptattraktion. Deshalb ist in Amsterdam nicht zwingend ein Programm nötig, und man sollte sich ruhig ein wenig treiben lassen, zum Beispiel bei einem ausführlichen Spaziergang durch den Grachtengürtel am ruhigeren Vormittag. Nachmittags bietet sich ein Bummel durch die geschäftigen Negen Straatjes mit ihren schicken Boutiquen, Bars und Cafés an. Am romantischsten aber sind und bleiben Prinsen-, Keizers- und Heerengracht am Abend, wenn sich die Lichter der Häuser im Wasser spiegeln.

TIPP

Wer nur kurz Zeit hat, kann sich natürlich auch an Bord eines Rundfahrtschiffes begeben. Die meisten fahren am Damrak ab. Deutlich günstiger als der Rest ist die Reederei Plas, www.rederijplas.nl

13 NDSM-WERFT Auf zu neuen Ufern

Eine Fahrt mit den blauen Fähren der Amsterdamer Verkehrsbetriebe GBV gehört unbedingt zum Amsterdam-Feeling. Diese pendeln zwischen den Ufern des Flusses IJ hin und her. Besonders interessant ist die Strecke zum Gelände der ehemaligen NDSM-Werft mit tollen alten Backsteingebäuden und Künstlerateliers. Am Zielhafen warten neben einem U-Boot auch das Restaurant Pllek, das sich in ausgemusterten Schiffscontainern eingerichtet hat und im Sommer sogar einen eigenen Strand bietet.

TIPP

Die blauen Fähren sind kostenlos, und sie legen an der Rückseite des Bahnhofs Centraal ab. Ein weiteres Ziel ist der Buiksloterweg im Stadtteil Noord, der sich jüngst zu einem spannenden Viertel entwickelt hat. »This is Holland« ermöglicht einen virtuellen Rundflug über das Land, www.thisisholland.com

2

Kunstgenuss:
zwei Besucherinnen
vor Jan Asselijns
»Fauchendem Schwan«.
. . . .

Ein Seebad der ersten Stunde: Domburg und seine Dünenlandschaft (1). Fast wie ein Gemälde: Der Hafen von Zierikzee war bereits im 15. Jahrhundert eine wichtige Anlaufstelle (2).

2 ZIERIKZEE Mittelalterliches Juwel

Schon im 14. Jahrhundert haben niederländische Seefahrer die Weltmeere erkundet. Seinerzeit war das auf der Insel Schouwen-Duiveland gelegene Städtchen Zierikzee ein geschäftiger Hafen, in dem die Schiffsbesatzungen immer neue Reichtümer abgeladen haben. Dies ist dem nahezu unveränderten Stadtkern bis heute anzumerken: Opulent verzierte Patrizierhäuser, ein pittoresker Hafen, enge Gassen und windschiefe Fischerhäuschen machen das Städtchen zu einem typisch niederländischen Gesamtkunstwerk.

TIPP

Schouwen-Duiveland ist über Brücken mit dem Festland verbunden und gut mit einem Badeurlaub in Renesse zu kombinieren. Nur 20 Kilometer entfernt, verfügt der Ort – neben paradiesischen Sandstränden – über alles, was das Urlauberherz begehrt.

21 DOMBURG Auf Mondrians Spuren

Das kleine Domburg gehörte zu den ersten Küstenorten moderner Prägung. Schon Anfang des 19. Jahrhunderts kamen die Künstler wegen des einzigartigen Lichts. Bald darauf war es die Heilwirkung frischer Meeresluft und salzigen Wassers, die Wohlhabende und Adlige aus ganz Europa anzog, um in Zeeland ihre Sommerfrische zu verbringen. Später gehörte der Maler Piet Mondrian zu den Bewohnern Domburgs. Heute ist es ein ideales Revier für ein langes Wochenende – mit Spaziergang in den Dünen und Sprung in die tosende Brandung.

TIPP

Wer mag, kann in und um Domburg auf den Spuren Piet Mondrians wandeln. Das örtliche Tourismusbüro hält eine Broschüre mit den wichtigsten Stationen bereit. So viel vorweg: der Blick von den Dünen ist nach wie vor unverändert großartig, www.vvvzeeland.nl

POLEN
Vielfalt in jeder Hinsicht

Alte Traditionen und junge Ideen stehen in Polen nebeneinander, ebenso wie die Liebe zur Stadt und zur Natur.

Polen ist Vielfalt: Ob man Landschaft, Küche, Bräuche, Religionsströmungen oder den über Jahrtausende entstandenen Völkermix nimmt – überall ist zu erkennen, dass es »das Polen« so nicht gibt. Auch wenn im Kommunismus vieles nivelliert wurde, zu entdecken ist ein lebendiges, altes und gleichzeitig sehr junges Land.

Wohin zuerst? Kultur oder Natur? Wann? Winter oder Sommer? Landschaftlich sind sich Polen und Deutschland ähnlich, von der Ostsee bis zum Hochgebirge; doch jenseits der Grenze erscheint alles weiter, größer, ursprünglicher. Die Natur gibt Raum fürs Alleinsein, dort ist auch Platz für Wölfe, Wisente, Störche, Biber und Bären. Wer sich auf die Menschen einlässt, kann zugleich weiterzige Gastfreundschaft erleben. Alte Bräuche sind hier oft ungleich lebendiger, weil man sie nach 1989 wieder neu entdeckte. Im kaschubischen Nordwesten stehen zweisprachige Straßenschilder, ebenso wie mancherorts im früheren Ostpreußen.

Die Polen sind stolz darauf, ihre wechselhafte Geschichte gut überstanden zu haben und ihre Zukunft in die Hand zu nehmen. Nicht nur die Städte wirken oft vibrierend jung und innovativ.

DIE TOP 5 ATTRAKTIONEN IN POLEN

KRAKAU
Polens Hauptstadt der Herzen, leicht verrückt und mit Musik vom Kirchturm

SOLIDARNO-MUSEUM
Von der Werft, wo der Wandel im Osten zuallererst Funken schlug

DANZIGER BUCHT
Strände westlich, Wildnis östlich – mit erstklassiger Wasserqualität

MASURISCHE SEENPLATTE
Per Paddel, per Hausboot oder per pedes hinein in die Weite

KANAL ELBLISKI
Altes technisches Meisterwerk aus Holz, das Schiffe bergauf fahren lässt

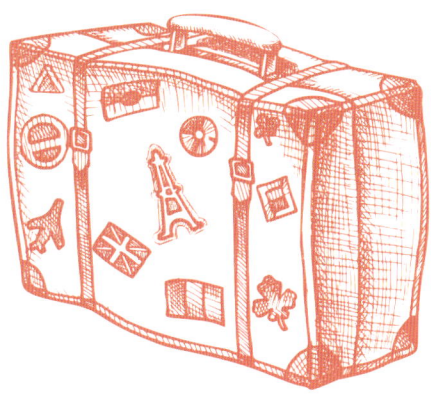

Am Hauptmarkt und bei den Tuchhallen rund um die Marienkirche (1) brodelt tagsüber das Leben, bis es sich so etwa mit Sonnenuntergang in die Jazzkeller der Altstadt verlagert (3). Die Wawel-Burg hingegen (2) kommt in der blauen Stunde zur Ruhe.

1 KRAKAU Heimliche Hauptstadt Polens

Ein mittelalterliches Zentrum, rund einhundert Kirchen und Klöster, viele lichte Plätze, idyllische Hinterhofrestaurants und Renaissancepaläste – auf den ersten Blick könnte die Altstadt auch gut in Südeuropa liegen. Krakau wurde im Krieg kaum zerstört und gilt im Rest Polens als »etwas verrückt«. Wohl auch wegen der Lebensart seiner Bewohner, einer fröhlichen Mischung aus katholisch und kreativ, mittelalterlich und modern. Neben Altstadt und Burgberg zählt auch der lebendige Stadtteil Kazimierz mit sichtbaren jüdischen Spuren zum UNESCO-Welterbe.

TIPP

Vom Turm der Marienbasilika mit dem spätgotischen Hochaltar, einem Hauptwerk von Veit Stoß, ertönt stündlich das »Hejnal«, ein abrupt endendes Trompetensignal – der Legende nach traf ein Pfeil den Bläser.

1.1 BURG MIT DRACHEN

Feuerspeiende Historie

Eine Drachenhöhle im Burgberg, ein feuerspuckendes Drachenmonument, jeden Sommer ein großes Drachenfest: Der Lindwurm ist Krakaus Wahrzeichen. Der Legende nach forderte der täglich frische Jungfrauen zum Fraß. Kein Ritter, sondern ein junger Schuster beendete den Fluch mit einer List. Er warf ihm ein mit Schwefel gefülltes Schafsfell vor, das der gierige Waweldrache mit einem Bissen verschlang, und daraufhin so viel Flusswasser trank, bis er platzte. Der Schuster bekam natürlich die Königstochter, dazu das halbe Königreich.

TIPP

Die alte Schlossanlage auf dem Krakauer Wawelfels umfasst auch die Wawel-Kathedrale, Nationalheiligtum Polens und Grablege vieler Könige. Es soll Glück bringen, den Klöppel der Sigismundglocke zu berühren.

1.2 MUSIK UND KULTUR

Wo das Kreative lebt

Eine alte Stadt voll junger Leute – allein 24 Hochschulen und Akademien bringen frischen Wind nach Krakau, darunter seit 1364 eine der ältesten Universitäten Europas. Fast 30 Museen, viele renommierte Theater und Konzerthäuser, jedes Jahr zahlreiche Kunst-, Musik- und Filmfestivals setzen den Rahmen für Kreativität und vibrierendes Leben rund um Hauptmarkt, Tuchhallen und Barbakane. Kein Wunder, dass viele bekannte Musiker, Autoren, Kabarettisten oder auch Regisseure aus Krakau kommen.

TIPP

Berühmt ist Krakau für seine Jazzszene, doch auch andere Musikrichtungen blühen – oft in den zahllosen kleinen Klubs und Kellerbars. Coole Graffiti- und Straßenkunst sind vor allem in der Józefa Straße und der Plac Bawó zu entdecken.

Malerei schmückt viele Fassaden in Danzig. Dieses Haus beherbergt heute ein Restaurant, früher die Likörfabrik des Danziger Goldwassers (1). Das Krantor direkt an der Mottlau, berühmtestes Wahrzeichen Danzigs, sah schon im 15. Jahrhundert so aus und half beim Entladen der Schiffe. Den Krieg überstand es schwer beschädigt (2). Das Europäische Solidaritäts-Zentrum, malerisch verrostet, präsentiert die historische Umgebung, Dokumente und Erinnerungen zum Solidarność-Aufstand (3).

2.1 ALTSTADT Auferstanden aus Ruinen

Man sieht dem alten Stadtkern nicht an, dass er im Zweiten Weltkrieg fast völlig zerstört war: Was heute historisch wirkt, ist ein Meisterwerk polnischer Restaurateure. Sehenswert ist zuallererst die Gówne Miasto – die »Rechtstadt«, wo die rechtschaffenen Bürger wohnten. Hier führt der Königsweg, den tatsächlich Polens Könige abschritten, vom Hohen und dem Goldenen Tor über die prachtvolle Langgasse und den Langen Markt bis zum schlossähnlichen Grünen Tor am Ufer der Mottlau.

TIPP

Aus dem malerischen Mix von Gotik, Barock und Renaissance im Zentrum ragt gewaltig der Mariendom empor. Innen weiß getüncht und fast schmucklos, beherbergt herausragende Kunstwerke und eine ausgeklügelte Astronomische Uhr.

2 DANZIG Ein Küstentrio

Die alte Hansestadt, seit Jahrhunderten »Perle der Ostsee«, liegt gar nicht selbst am Meer, sondern kilometerweit landeinwärts. Deshalb bildet sie seit Langem mit der Hafenstadt Gdynia und dem Seebad Zoppot, beide an der Danziger Bucht, das Dreieck Handel – Arbeit – Muße: Heute bilden sie den Großraum Trójmiasto, »Dreistadt«. Gdynia mit seinen vielen Werften und Kais war lange Polens größter Ostseehafen. Zoppot macht Eindruck mit Sandstrand, Bäderarchitektur und der 512 Meter langen Seebrücke.

TIPP

Schiffe gelangen aus Danzigs Altstadtkern zur Ostsee nur über die kleine Mottlau und einen seit 1840 toten Arm der großen Weichsel, ausgebaut zum Danziger Hafen. Kleine Ausflugsdampfer schippern vom Fischmarkt bis zur Landzunge Westerplatte am Meer.

2.2 SOLIDARNOŚĆ-MUSEUM

Gedenkwerft

Hier gaben die Proteste der Werftarbeiter um Lech Wałęsa in den 1980er-Jahren letztlich den Anstoß zum späteren Fall des Eisernen Vorhangs. Eine Multimedia-Ausstellung im »Europejskie Centrum Solidarności«, das wie ein großer, rostiger Schiffsrumpf nahe der einstigen Lenin-Werft an der Weichsel liegt, schildert die Ereignisse. Dazu gehören auch das berühmte Werfttor Nr. 2, das Denkmal für die Getöteten des Aufstands 1970 sowie die Tafeln mit 21 Forderungen, heute Teil des UNESCO-Weltdokumentenerbes.

TIPP

Weltpolitisch bedeutsam ist auch die Westerplatte am Ostseeufer, seit dort die Deutsche Wehrmacht Anfang des Zweiten Weltkriegs ein Munitionslager beschoss. Heute gilt die Landzunge als Symbol des polnischen Widerstands.

Hohe Himmel, Wolkentürme und ein weiter Blick übers Meer – die Danziger genießen ihre Küsten, wie zum Beispiel die Strände auf der lang gezogenen Halbinsel Hel (Hela).

2.3 GÜNTER GRASS & CO.

Berühmte Köpfe

Auf einer Parkbank im Stadtteil Wrzeszcz sitzt Oskar Matzerath in Bronze – die Hauptfigur aus Günter Grass' Roman *Die Blechtrommel*. In diesem Viertel nördlich der Altstadt ist der Autor geboren, Orte seiner Kindheit werden gern besucht. Bis 2015 saß Oskar allein auf der Bank, nach Grass' Tod kam dessen Ebenbild dazu. Zu Danzigs weltbekannten Söhnen und Töchtern zählen auch Lech Wałęsa, Arthur Schopenhauer, Klaus Kinski, Daniel Gabriel Fahrenheit, Ingrid van Bergen und Rupert Neudeck.

TIPP

In der Ulica Mariacka nahe dem weltberühmten Krantor faszinieren die Terrassen vor den Häusern – sie halfen einst vor Hochwassern zu schützen. Filmfans erkennen die Straße, denn hier, nicht in Lübeck, wurde 1979 Thomas Manns Roman *Die Buddenbrooks* verfilmt.

2.4 DANZIGER BUCHT Natur und Baden gut

Zieht es den Danziger in die Natur, geht es meist ans Wasser. Schließlich bietet die rund 50 Kilometer breite Ostseebucht viel Platz und helle Sandstrände – nur das östliche Drittel zählt zu Russland. Die Grenze verläuft quer über die lange schmale Frische Nehrung. Der westliche Teil ist Naturschutzgebiet, Dünen mit Kiefern voller Zugvögel und Wildschweine. Ein beliebtes Badeziel ist die schmale Halbinsel Hel, die 34 Kilometer weit ins Meer ragt, gesäumt von pittoresken kaschubischen Fischerdörfern.

TIPP

Auch bei Kitesurfern und Tauchern ist die Bucht beliebt. Vor allem vor Hel liegen diverse Wracks aus beiden Weltkriegen auf Grund, in guter Tauchtiefe. Das »Gold der Ostsee« findet man im Bernsteinmuseum am Danziger Kohlenmarkt.

Mächtig ragt das granitene Denkmal
auf der Westerplatte seit 1966 in
den Himmel und erinnert, samt zu-
gehörigem Museum, an den Beginn
des Zweiten Weltkriegs hier und an
den polnischen Widerstand.

3 ERMLAND UND MASUREN

Masurische Seenplatte

Leicht gekräuselte Wellen, so weit das Auge reicht, weiter Horizont, waldreiche Ufer, gelegentlich unterbrochen von Kirchtürmen, Anlegestellen und Mini-Häfen. Fast 3000 kleine und große Seen, meist miteinander verbunden, umfasst diese Region im Nordosten Polens. Vor allem im Sommer sind hier unzählige Boote unterwegs, ob Kajak, Segler, Hausboot, Fähre oder Ausflugsdampfer – und doch verlieren sie sich in dem Gebiet, das flächenmäßig größer als Schleswig-Holstein ist. Gesellig wird es vor allem in den Schleusen und rund um die Orte. Das zentral gelegene Giżycko (einst Lötzen) mit seiner überwucherten Festung etwa ist Zentrum für Wassersport und Startpunkt vieler Hausboottouren. Östlich liegt der Urwald Puszcza Borecka (Borkener Heide), in dem Wisente leben, im Süden präsentiert sich das malerische Mikolajki (Nikolaiken) oder auch das Flüsschen Krutynia, wo traditionsreiche Stakboote auf Passagiere warten.

TIPP

Fast jeden Winter frieren viele Seen zu: ideal fürs Eissegeln, wofür es hier auch Meisterschaften gibt, www.masuren.de/eissegeln.html

An kleinen Seen wie hier findet man noch nahezu unberührte Natur.

Die prachtvolle Basilika von
Święta Lipka, Heilige Linde, ist
seit Jahrhunderten ein Pilger-
ziel. Links im Bild der stilisierte
Lindenstamm. Besonders viele
Menschen kommen zu Mariä
Himmelfahrt.

3.1 OLSZTYN Historisches Zentrum

Eine hübsche Altstadt mit dem »Hohen Tor«, der Teil der letzten Stadtmauer war, und dem Marktplatz als lebendigem Zentrum – fast wie zu Zeiten des Astronomen Nikolaus Kopernikus, der auf der Stadtburg einst als Domherr wirkte und zugleich weltliche Himmelsforschung betrieb. Die Burg beherbergt ein Museum, das Spuren von Kopernikus zeigt, aber vor allem viel über die Region und ihre bewegte deutsch-polnische Geschichte.

TIPP

Rund 30 Kilometer südwestlich, im weitläufigen Masurischen Freilichtmuseum bei Olsztynek (Hohenstein) lässt sich wunderbar ein ganzer Tag mit polnischer Historie zubringen, www.muzeumolsztynek.com.pl/de.html

3.2 KANAŁ ELBLĄSKI Wo Schiffe bergauf fahren

Ein kleiner Berg liegt zwischen Ostsee und Masuren – und dennoch können Schiffe die Strecke bequem bewältigen, dank der fünf Rollberge aus dem 19. Jahrhundert. Statt unzähliger Schleusen konstruierten Ingenieure mit Wasserkraft betriebene Seilbahnen, um Schiffe über Land nach oben zu ziehen. Anfangs dienten sie dem Holztransport, heute ist die Strecke längst eine Touristenattraktion und ein technisches Denkmal.

TIPP

Statt mit dem Ausflugsdampfer sind Kanał und Rollberge auch mit kleinen Booten oder Kajaks befahrbar. Unbedingt besuchen sollte man am Anfang die Stadt Ostróda (Osterode) und am Ende Elbląg (Elbing).

Per Boot auf Schienen über Land, das funktioniert auch heute noch bestens am Kanał Elbląski, dem Oberländischen Kanal (1). Die meisten Boote der Region aber bleiben – oft romantisch – auf dem Wasser (2).

3.3 ŚWIĘTA LIPKA Marienheiligtum

Genau hier, wo heute Pilger und Touristen einen prächtig ausgeschmückten Kirchenraum bestaunen, mit prunkvollem Hochaltar, Kuppelfresken und Orgel, stand einst eine Linde mit geschnitztem Marienkind, an der sich die Wunder häuften. Bereits vom 14. Jahrhundert an kamen Pilger, eine Kapelle entstand, dann eine Jesuitenkirche, heute steht hier die viel besuchte Barockbasilika. Im Inneren ein symbolischer Lindenstamm mit Schnitzfigur.

TIPP

Bleiben – wenigstens der Orgelpräsentation lauschen, das Umfeld der Kirche langsam erforschen. Oder die tief empfundene Religiosität rund um Mariä Himmelfahrt erleben.

3.4 PUSZCZA PISKA Polens größter Urwald

Oben vom Wasserturm von Pisz (Johannisburg) aus erblickt das Auge ein Meer aus Bäumen: Birken, Ahorn, Eichen, Erlen und Espen auf Sand und Sumpf, weiter nördlich eher Kiefern und Fichten. Lebensraum für Elche, Luchse, Hirsche und viele andere. Das hübsche Pisz im Südosten der Masurischen Seenplatte ist ein idealer Startpunkt für Wanderungen in die weiten Ur-Wälder der Johannisburger Heide.

TIPP

Eine halbe Stunde nördlich liegt am großen Śniardwy (Spirdingsee) Popielno, die »Halbinsel der Wildpferde«, wo auch Biber, Ur und Wisent erforscht werden. Der nahe Łuknajno-See ist ein Vogelparadies, besonders für Schwäne.

Die mächtige Burg Frain an der Thaya in Mähren war schon häufig Kulisse für beliebte Filmproduktionen.

TSCHECHIEN
Benachbarte Märchenwelt

Stadtschwärmer zieht es in die trendige Moldaumetropole, doch der wenig bekannte Nachbar im Osten bietet außer einem romantischen Aufenthalt in Prag noch viel mehr. In unberührter Natur liegen entlang der Flüsse Perlen wie an einer Schnur aufgereiht: Bäder, Burgen, Bergbau und Bier stehen dabei im Vordergrund.

Auf einer Zugfahrt zum Wellnessurlaub in Karlsbad oder zum Umtrunk in Pilsen zieht die Zauberwelt aus den berühmten Trickfilmen und Märchen gemächlich an den Reisenden vorbei. Die Nationalparks im östlichen Landesteil Mähren bei Brünn sind wie geschaffen für Bergwanderungen oder atemberaubende Schluchtenerlebnisse. Neben 2000 Burgen und Schlössern warten zwölf UNESCO-Weltkulturerbestätten auf ihre Entdeckung, ebenso wie die zahlreichen Kirchen und Klöster in allen Baustilen. Für Aktivurlauber gibt es Angebote quer durch alle Jahreszeiten: Sie reichen vom Angelsport über Agrotourismus, Radfahren, Reiten und Surfen bis hin zum Wintersport. Die naturbelassenen Landschaften, schon kurz hinter Prag, sind ein besonders nachhaltiges Erlebnis, das man nicht selten alleine genießen kann.

DIE TOP 5 ATTRAKTIONEN IN TSCHECHIEN

KARLSBRÜCKE UND PRAGER BURG
Unterwegs auf historischen Pfaden wie einst die böhmischen Könige

BURG KARLSTEIN
Versteckte Schatzkammer in prächtiger Burganlage bei Prag

KUTTENBERG
Faszinierende Bergbaustadt mit makabrer Schädelkapelle

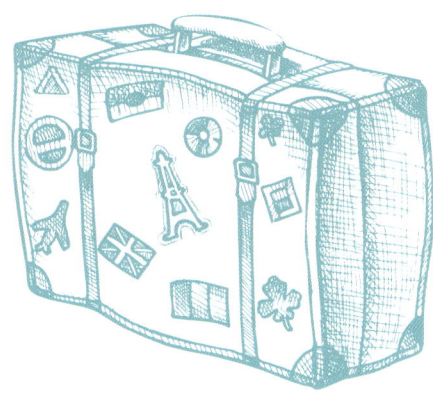

BRÜNN
Bäder- und Wellnesskultur in Karlsbad, Marienbad und Franzensbad

BRNO
Mährens aufgeweckte Hauptstadt Brünn mit Weltkulturerbe-Architektur

Die Kleinseitner Brückentürme an der berühmten Karlsbrücke stammen aus dem 15. Jahrhundert.

Das beliebte Literatencafé Slavia in der Prager Altstadt mit Blick über die Moldau bis hin zur Prager Burg.

1 PRAG Juwel in der Mitte Europas

Für viele ist Prag die größte Kleinstadt der Welt an der Schwelle von West- nach Osteuropa, geprägt von einigen lieb gewonnenen Gegensätzen: tausend Jahre alte Architektur in einer gleichzeitig modernen Stadt. Und bei aller großstädtischen Hektik nimmt man sich Zeit bei Bier oder Wein. Auf der einen Seite sind prächtig herausgeputzte Plätze und historische Bauten zu bestaunen, während um die Ecke ruhige Gärten und Parkanlagen warten. Der Blick vom Vorplatz der Prager Burg reicht vom Ufer der Moldau bis zum bunten Dächermeer der Altstadt. Von hier sind die Fixpunkte einfach auszumachen: der Altstädter Ring oder das weithin sichtbare Nationaltheater, gerne auch »Goldene Kuppel über der Moldau« genannt. Unterhalb des Burgbergs bezaubert das Viertel Kleinseite mit engen Gassen, den Gärten der Adelspalais und dem Laurenziberg, dem Hügel für die Verliebten Prags.

Das Kulturleben der Hauptstadt spielt sich in den vielen Prager Prachtbauten ab: Klaviervirtuosen im Rudolfinum am Moldauufer zum Beispiel, Mozarts »Don Giovanni« im Ständetheater oder Sinfoniekonzerte im Gemeindehaus, das mit feinstem Jugendstilinterieur glänzt. Die verschiedenen Architekturepochen, von der Gotik bis zur Moderne, vereinen sich zu einem geschlossenen Stadtbild, das im Zentrum ganz ohne Wolkenkratzer auskommt.

Die »Mutter der Städte« zieht Einheimische ebenso wie ausländische Gäste mit magischer Kraft an. »Dieses Mütterchen hat Krallen«, schrieb einst Franz Kafka. Soll heißen, ist man einmal ihrem Charme verfallen, kommt man kaum von ihr los. Berühmte Literaten, von Brod bis Kisch, debattierten in den klassischen Kaffeehäusern, die es auch heute noch locker mit denen in Wien oder Budapest aufnehmen können. In Cafés wie dem Louvre, dem Slavia oder dem Grand Café Orient lässt es sich über viele Stunden wunderbar aushalten.

»PRAG – EIN PRACHTVOLLER EDELSTEIN IN DER STEINERNEN KRONE DES LANDES.« JOHANN WOLFANG VON GOETHE

In den vielen Bierstuben außerhalb des Zentrums finden Liebhaber des Gerstensafts bei einem guten Schwarzbier die für die Einheimischen so typische Gelassenheit. Die berühmte böhmische Küche mit Knödeln, deftigen Braten und Mehlspeisen wird dort mit Genuss gepflegt, auch wenn längst eine moderne Gastronomie in den hippen Restaurants der historischen Viertel Einzug gehalten hat. Aber: Gegensätze ziehen sich ja bekanntlich an.

TIPP

Die Gärten und Parks auf der Kleinseite unterhalb der Prager Burg an der Moldau bieten Entspannung inmitten der Stadt. Ein verstecktes Fleckchen mit Terrassenanlage und hübscher Aussicht ist der Vrtba-Garten beim gleichnamigen Palais an der Karmelitergasse, das im Stil der Spätrenaissance errichtet wurde, www.vrtbovska.cz

Die mittelalterliche Burg Karlstein diente im Mittelalter als Schatzkammer der Nation (1). Makabrer Besuch im schädelgeschmückten Beinhaus von Sedlec außerhalb von Kuttenberg (2). Bei Mělník fließen die breite Moldau und die schmale Elbe zusammen und vereint als mächtiger Elbstrom weiter nach Dresden (3).

1.2 KUTTENBERG
Gotische Stadt mit Schädelkirche im Vorort

Einst größer als London: Die Silberbergwerke von Kutná Hora (Kuttenberg) hievten die Kleinstadt im 14. Jh. zur zweitbedeutendsten Stadt Böhmens. Im hiesigen Königssitz Welscher Hof entstand damals der »Prager Groschen«. Wichtigster Anziehungspunkt der märchenhaften Stadt auf der Liste des UNESCO-Weltkulturerbes ist der gotische St.-Barbara-Dom mit seinem ungewöhnlichen Netzgewölbe, das an ein Zeltdach erinnert.

TIPP

Etwas makaber wirkt der Besuch im Beinhaus der Lokalkirche im Vorort Sedlec. Ein halb blinder Mönch dekorierte das Interieur mit 40 000 Schädeln im Mittelalter. www.sedlec.info/kostnice

1.1 BURG KARLSTEIN
Schatzkammer im Wald

Etwas außerhalb von Prag, inmitten der mittelböhmischen Wälder, ragt eine riesige Burg auf. Erbaut auf dem Höhepunkt der Gotik im 14. Jahrhundert, wollte Kaiser Karl IV. die Kronjuwelen lieber hier, außerhalb von Prag, aufbewahren. Daher nennt man die über einem Felsen thronende Burg auch »Schatzkammer der Nation«. Die Heilig-Kreuz-Kapelle im Großen Turm fasziniert mit ihren 2000 Edelsteinen, Halbedelsteinen und Heiligengemälden.

TIPP

Im Naturschutzgebiet unweit der Burg Karlstein führen die Stalagmiten und Stalaktiten der Tropfsteinhöhle von Koněprusy, einer der größten Höhlen des Landes, in die Unterwelt einstiger Schmuggler und Räuber, www.konepruske-jeskyne.cz

1.3 MĚLNÍK
Böhmischer Wein an Elbe und Moldau

Kaiser Karl IV. war ganz besessen von erlesenen Weintropfen und ließ das Gebiet an der Mündung der beiden wichtigen Flüsse für den idealen Weinanbau in der Nähe von Prag auskundschaften. Die ursprünglichen Reben stammen aus dem Burgund. Heute betreibt die Fürstenfamilie Lobkowicz hier Weinanbau und Kellerei im eigenen Schloss. Eine Autofahrt entlang der Elbe durch die Böhmische Schweiz Richtung Dresden mit Stopp in Mělník lohnt auf jeden Fall.

TIPP

Auf der Terrasse des Schlosses einfach mal innehalten und die beiden Flüsse beobachten. Die aus Prag kommende breite Moldau fließt hier mit der schmalen Elbe zusammen – und das Resultat wird weiterhin Elbe genannt. www.lobkowicz-melnik.cz

Historische Wandelhalle der
Glauberquelle in Franzensbad
im Herzen des böhmischen
Bäderdreiecks.

2 KARLSBAD — Krone des Bäderdreiecks

Im historischen Zentrum von Karlovy Vary, der Sage nach eine Gründung Kaiser Karls VI., schlürfen heute Kurgäste Heilwasser aus verzierten Schnabeltassen. Im 19. Jahrhundert nistete sich hier der Adel mitunter gleich für mehrere Wochen ein, während heutzutage das internationale Filmfestival im Juli Stars und Schaulustige anzieht, die den Kurort auch als Filmkulisse, etwa aus *Casino Royale*, kennen.

TIPP

Als inoffizielle Heilquelle gilt der Becherovka. Im Besucherzentrum in der Originalfabrik erfahren Interessierte alles über die Herstellung des beliebten Kräuterlikörs, inklusive Verkostung, www.becherovka.cz/museum

2.1 MARIENBAD — Oblaten und Chalets

Tschechiens zweitgrößtes Heilbad steht etwas im Schatten von Karlsbad, begeistert aber dafür mit weniger Hektik und prachtvollen historischen Kurhäusern in Schönbrunner Gelb. Anziehungspunkt ist die Kolonnade mit der singenden Fontäne, aus deren 250 Düsen stündlich ein Musikprogramm erklingt. Zum Wasser der Heilquellen gibt es die dünnen Karlsbader Oblaten, wobei die besten in Marienbad hergestellt werden.

TIPP

Eine knappe Stunde dauert der Spaziergang durch den Kaiserwald nach Kladská, einer Siedlung mit 18 Schweizer Chalets und Lehrpfad über das Moorgebiet am Teich des Jagdschlosses, www.pensionkladska.cz

Die Karlsbader Oblaten passen zum Heilwasser, aber auch als willkommener Pausensnack und Mitbringsel (1). Das Pilsner Urquell gilt als berühmteste Brauerei des Landes und lohnt einen Besuch in Pilsen (2).

2.2 FRANZENSBAD — Dichter und Architekten

Der kleinste Kurort des westböhmischen Bäderdreiecks bezaubert mit seiner bis heute intakten, einheitlichen Architektur der Belle Époque. Die Heilquellen und Badehäuser sind über einen weitläufigen Park mit jahrhundertealtem Baumbestand verteilt. Bevorzugte die Schickimicki-Gesellschaft einst die beiden größeren Kurorte, freuten sich Goethe, Strauß und Beethoven über die Inspiration der Einsamkeit.

TIPP

Der größte Wasserpark liegt in der kleinsten Stadt im Bäderdreieck: Das Aquaforum in Franzensbad verbindet Wellness, Kur und Spaß quer durch die Generationen, www.aquaforum-frantiskovylazne.cz

2.3 PILSEN — Bier und Kultur

Die günstige Lage der westböhmischen Metropole bot beste Voraussetzungen für ihre wirtschaftliche Entwicklung: Die 1842 gegründete Marke Pilsner Urquell steht für Qualität und sorgte für einen gewissen Ruhm, auch der Name Škoda ist eng mit der Stadt verbunden. Die Große Synagoge, in der regelmäßig Konzerte stattfinden, und die St. Bartholomäus-Kathedrale sind Hauptanziehungspunkte im Altstadtkern.

TIPP

Pilsner Urquell lädt zu Führungen in die berühmteste Brauerei des Landes ein, natürlich mit Verkostung. Das hauseigene Restaurant bietet rund 600 Gästen deftige Küche zum Pils, www.prazdrojvisit.cz

Brünn bezaubert nicht nur am Abend mit seinen Plätzen und Gassen und einer aufstrebenden Gastronomie.

3 BRÜNN

Mährische Metropole

Brünn oder Olmütz, Brno oder Olomouc? Glücklicherweise kann der Reisende die beiden Rivalen um den Hauptstadttitel Mährens gut an einem Wochenende besuchen. Das weitläufige Zentrum von Brünn rund um die verkehrsbefreite Einkaufsstraße Masarykova wirkt im Gegensatz zu Prag eher bodenständig und nicht allzu perfekt. Beim Schlendern kommt man leicht mit den freundlichen Bewohnern ins Gespräch. Wie in jeder tschechischen Großstadt darf eine eigene Burg oder ein Schloss nicht fehlen: Eine Dominante im Stadtbild ist die auf dem gleichnamigen Berg gelegene Burg Spielberk. Motorsportbegeisterte pilgern jährlich zum nationalen Motorradrennen im Automotodrom. Vielfältige Kulturveranstaltungen und das nahe gelegene Bergwanderparadies Mährischer Karst mit seiner berühmten Macocha-Schlucht machen Brünn zum perfekten Ziel für ein verlängertes Wochenende.

TIPP

Wegweiser in die Zukunft unter dem Schutz der UNESCO: Architekt Mies van der Rohe verwendete in der funktionalistischen Villa Tugendhat von 1930 bereits riesige Glasflächen und bahnbrechende Materialien seiner Zeit wie Onyx, Chromstahl und Linoleum, www.tugendhat.eu

Die für tschechische Kurorte so typische, handverzierte Schnabeltasse für den Genuss der Heilwasser (1). Tudorstil außerhalb von England: eindeutige Einflüsse im Schloss Lednice mit englischem Park (2). Geschlossenes Barockensemble in der denkmalgeschützten Kulturmetropole Olmütz (3).

3.2 LEDNICE Schlösser und Rotwein

Die Gegend zwischen den Barockschlössern Lednice (Eisgrub) und Valtice (Feldsberg) mit ihren Teichen, Schlössern und Parkanlagen nahm die UNESCO als eine der ersten Landschaften Tschechiens ins Weltkulturerbe auf. Hier werden traditionell die besten Weinsorten des Landes angebaut, zum Beispiel die Rotweinsorte Frankovka. Die hiesigen Weinhandlungen führen gute Tropfen aus der Umgebung, die bis zur österreichischen Grenze reicht.

TIPP

Das romantische Schloss Lednice im Tudorstil begeistert mit seinen Interieurs und einem Palmenhaus mit exotischen Pflanzen. Der ausgedehnte Schlosspark lädt zu Spaziergängen rund um den Schlossteich mit dem weithin sichtbaren Minarett ein, www.zamek-lednice.com

3.1 OLMÜTZ Käse und Musik

Die mährische Kulturstadt Olomouc mit seinen vornehmen Bürgerhäusern und Barockbrunnen auf hübschen Plätzen wirkt feiner als Brünn. Déjà-vu für Prag-Liebhaber: Am Oberen Platz prangt ebenfalls eine astronomische Uhr. Außerdem sehenswert sind die mittelalterliche Burg, das Rathaus sowie das Mährische Theater, in dem Gustav Mahler einst Kapellmeister war. Für Käseliebhaber ist der »Olmützer Quargel« (Olomoucké tvarůžky), ein Hartkäse mit ganz speziellem Duft, ein ebenso ungewöhnliches wie köstliches Mitbringsel.

TIPP

Das erste Seil- und Kletterzentrum Tschechiens lockt Junge und jung Gebliebene ins spannende Freizeitareal. Ungewöhnliche Hindernisse in bis zu acht Metern Höhe sorgen für den Adrenalinkick, www.lanovecentrum.cz

3.3 LUHAČOVICE Kurbetrieb wie damals

Gleich 16 Mineralheilquellen begründeten den Ruf der Kleinstadt am Ausläufer der Weißen Karpaten. Sehenswert ist vor allem die Architektur der historischen Kurhäuser und der Villen im Prager Viertel im Volksstil des 19. Jahrhunderts. Schlendert man durch den Ort, wirkt die Zeit ein bisschen wie stehen geblieben: Hier herrscht noch regulärer Kurbetrieb mit verordneten Trinkkuren, Inhalationen und Moorbädern. Wellness setzt sich erst langsam durch.

TIPP

Türmchen und Verzierungen in Grasgrün, Ockerrot und Rosa: Architekt Dušan Jurkovič hat eine eigene Sprache der Volksarchitektur geschaffen, deren Höhepunkt im und am Kurhaus zu betrachten ist, www.lazneluhacovice.cz

Donaupanorama mit Blick
über die Kettenbrücke zum
Hotel Gresham Palace und
zum Stefansdom.

UNGARN
Wilder Osten an der Schwelle zur Moderne

Das geheimnisvolle Land in Mitteleuropa wird meist in einem Atemzug mit der Hauptstadt Budapest genannt, die sich auf beiden Ufern der Donau ausbreitet. Zwischen dem Burgberg auf Buda und dem beeindruckenden Parlamentsgebäude in Pest entfaltet sich ein ideales Städtereiseziel für ein langes Wochenende.

Einst selbstständiges Großreich und später Teil der österreichischen Doppelmonarchie, spielt Ungarn heute längst seine eigenwillige Rolle innerhalb der Europäischen Union. Schlägt das Herz des Landes im quirligen Budapest, so ist die ungarische Seele eher in der Puszta zu finden, jener dünn besiedelten Steppenlandschaft im Osten. Als Binnenstaat hat Ungarn eine besondere Beziehung zum Wasser: unzählige Thermalquellen sprudeln in Budapest und für die Bewohner gehört deren Besuch zum Tagesritual, ähnlich wie der Café- oder Kneipenbesuch andernorts. Der Balaton gilt gar als größter Steppensee in Europa. Weitere bedeutende Städte sind Debrecen, Szeged und Györ.

Weit über die Grenzen hinaus bekannt ist die traditionell gehaltvolle, ungarische Küche mit Gulaschsuppe, Pörkölt, Salami, Paprika und edlen Rotweinen.

DIE TOP 5 ATTRAKTIONEN IN UNGARN

BUDAPEST
Die Stadt der Gegensätze mit frischem Selbstbewusstsein

DONAU
Wichtige Lebensader von der Hauptstadt bis in die Ungarische Tiefebene

BUDAPESTS BADEKULTUR
Fast wie im Orient: Die Thermalbäder sind soziale Treffpunkte.

SZENTENDRE
Hübsches Barockstädtchen an der Donau nördlich von Budapest

BALATON
Größter Binnensee Europas mit Nationalpark, Weinbergen und Tafelberg

Das Café New York im Hotel Boscolo zählt zu den prächtigsten Kaffeehäusern in ganz Ungarn (1). Das Gellért-Bad im gleichnamigen Hotel am Fuße der Donau frequentieren vor allem Einheimische (2).

1 BUDAPEST Jung gebliebene Stadt

Von wegen verschlafene Metropole Osteuropas. Budapest ist gerade dabei, sich zu einer angesagten Destination für coole Städtetrips und trendige Partys zu entwickeln. Die glorreiche Tradition aus der Zeit der Doppelmonarchie Österreich-Ungarn mit ihren sichtbaren Errungenschaften ist allenfalls noch in Souvenirgeschäften zu finden.

Die Donau verbindet die beiden einst selbstständigen Teile Buda auf der westlichen und Pest auf der östlichen Seite. Seit Jahrhunderten der beste Platz, um mit prachtvollen Bauten die Macht des einstigen Königreichs Ungarn zu demonstrieren. Autos und Fußgänger überqueren täglich zu Tausenden auf der Elisabethbrücke oder der 375 Meter langen Kettenbrücke die breite Donau.

Im Vergleich zum hügeligen Buda mit dem Burgviertel präsentiert sich das flache Pest auf der östlichen Donauseite mit seinen riesigen Boulevards als »Paris des Ostens«. Die Gründerzeitbauten der Andrássy út erinnern an die Pariser Champs-Élysées und reichen bis zum weitläufigen Heldenplatz mit dem Millenniumdenkmal.

Kur und Wellness sind aus dem täglichen Leben in Budapest nicht wegzudenken, seit im 16. Jahrhundert durch den türkischen Einfluss die ersten einfachen Bäder entstanden. Die 500 Mineral- und Thermalquellen sind in mehr als hundert Einrichtungen zu finden, darunter historische Hotels oder auch orientalische Badehäuser.

Die Vielfalt an klassischen Kaffeehäusern verbindet Budapest mit Wien und Prag. Bis zu 600 Cafés gab es in Budapest zu Beginn des 20. Jahrhunderts, nur ein Bruchteil konnte sich aus der K.u.k.-Epoche in die Neuzeit retten, zum Beispiel das »New York Café«.

Besucher erleben Budapest heute als trendige Stadt, die nicht nur am historischen Erbe alleine festhält, sondern sich immer wieder neu erfindet. So spielt sich das Nachtleben

»WENN PRAG DAS HERZ VON MITTELEUROPA IST, DANN IST BUDAPEST SEIN SCHLOSS.«
GYÖRGY KONRÁD

nicht nur in edlen Klubs ab, sondern auch in den sogenannten Ruinenbars, das sind Klubs in leer stehenden Gebäuden, die oft künstlerisch ausgestaltet sind. Eine angesagte Ausgehmeile mit vielen Pubs und Klubs hat sich beispielsweise in der Király utca etabliert. Zum Sziget-Festival im August, dem größten Musikfestival Mitteleuropas, pilgern 400 000 Besucher auf die Insel Óbudai Sziget und verwandeln Budapest in eine einzige Party.

TIPP

Die mächtige St.-Stephans-Basilika inmitten der alten Einkaufsgassen von Pest ist vor allem wegen der Aussicht beliebt: Sobald man die etwa 300 Stufen erklommen hat, hat man von der Balustrade der Kuppel aus eine Rundumsicht über sämtliche Stadtviertel und die Donau, www.bazilika.biz

Reiterstandbild des Prinz Eugen von Savoyen vor der Kuppel des Burgpalastes auf dem Hügel von Buda.

11 BURGVIERTEL Hügeliges Buda

Mit der historischen Standseilbahn Sikló geht es gemächlich auf das breite Plateau des Burgbergs gut 50 Meter über der Donau. Der Burgpalast beherbergt heute die Nationalgalerie und das Historische Museum. Auffallend sind die typischen, gelbgrünen Dachziegel der Matthiaskirche. Hinter dem Burgtheater beginnen die alten Gassen von Buda mit holprigem Kopfsteinpflaster und kleinen Weinstuben an der Fortuna utca.

TIPP

Romantisches Plätzchen für einen unvergesslichen Eindruck: die Fischerbastei im Zuckerbäckerstil bietet besonders abends eine geniale Aussicht auf die illuminierte Kettenbrücke.

12 PARLAMENT Dominante am Donauufer

Das Parlament im Stil der englischen Neogotik am Donauufer von Pest wirkt wie eine größer geratene Kopie der Londoner Houses of Parliament ohne Big Ben, dafür mit einer 96 Meter hohen Neorenaissance-Kuppel. Der Kuppelsaal dient heute vor allem repräsentativen Zwecken, während nebenan die ungarische Nationalversammlung tagt. Auch die Krönungsinsignien samt Stephanskrone werden dort aufbewahrt.

TIPP

Ein Eldorado für alle Sinne: In der großen Markthalle am südlichen Ende der Váci utca, die von außen eher an ein Bahnhofsgebäude erinnert, verschmelzen die Düfte von Gulasch, Lecsó, Lángos und viel Paprika.

Das neogotische Parlamentsgebäude mit seiner mächtigen Kuppel erinnert an London, ist aber heller und noch größer (1). Beliebte Institution: ruhige Schachpartie im historischen Széchenyi-Bad (2).

13 SZÉCHENYI-BAD Schachpartie im Wasser

Das stilvolle Széchenyi-Bad im Stadtwäldchen östlich des Zentrums von Pest mit seiner neobarocken Schlossarchitektur gilt als einer der größten Badekomplexe Europas mit einer Fläche von 12 000 Quadratmetern. Das mit 38 Grad angenehm warme Thermalwasser des Volksbades kommt aus einer Tiefe von 1246 Metern. Für die überwiegend älteren Badegäste warm genug, um stundenlang im Wasser Schach zu spielen.

TIPP

Der hauptstädtische Großzirkus gegenüber des Széchenyi-Bads präsentiert ganzjährig klassische Zirkusprogramme und auch moderne Shows, die an Cirque du Soleil erinnern. www.fnc.hu, www.szechenyifurdo.hu

14 GELLÉRTBERG Hausberg mit Aussicht

Der 235 Meter hohe Gellértberg ragt gleich neben der westlichen Seite der Donau auf. Auf ihm thront die markante Zitadelle mit Freiheitsstatue, die inzwischen zum UNESCO-Weltkulturerbe gehört. Ihre Aussichtsplattform hat einen großen Vorteil gegenüber dem Burgberg: Von hier aus ist ganz Budapest zu sehen samt Donaupanorama, den Brücken und weiter bis zur Margaretheninsel – optimal für das ultimative Selfie.

TIPP

Die Welt scheint hier noch in Ordnung: Im prächtigen Jugendstilbad im Hotel Gellért am Fuße des Bergs frönen mehr Einheimische als Hotelgäste und Touristen ihrem täglichen Ritual. www.danubiushotels.com

2 BALATON — Größter Binnensee Europas

Ein Paradies für Wassersportler: 20 Jachthäfen und sieben Segelschulen bieten vielfältige Möglichkeiten in überwiegend flachem Wasser und mit bis zu 28 Grad Wassertemperatur sind die Badefreuden am 79 Kilometer langen See nahezu unbegrenzt. Mehrmals im Jahr gibt es am Balaton Segeltouren und Regatten, außerdem ist er ein ideales Revier für Stand-up-Paddler, Wakeboarder und Kitesurfer.

TIPP

Von Ostern bis Oktober verbinden die 15 Linien der Schifffahrtsbetriebe die Ferienorte miteinander. Beliebt sind thematische Ausflugsfahrten, etwa auf dem Nostalgieschiff nach Badacsony, www.balatonihajozas.hu

2.1 SIOFÓK — Partymeile am Plattensee

Der größte Ort im Südosten mit eigenem Flugplatz hat sich längst zum Mekka der Jugend entwickelt. Dank der günstigen Preise, 15 Kilometer langen Stränden und einem außergewöhnlich attraktiven Nachtleben platzt der Ort vor allem im Sommer aus allen Nähten. Freizeitangebote wie der Balatoni Bob Freizeitpark, der Bella Zoopark oder Ballonfahrten sind ebenfalls auf diese Klientel zugeschnitten.

TIPP

Die Markthalle Vásárcsarnok am Sió-Kanal besuchen überwiegend Einheimische, um Zutaten für die gute ungarische Küche einzukaufen. Ein wunderbarer Ort für authentische Begegnungen.

Blumengärten am Plattenseeufer im einzigartigen Kurort Balatonfüred (1). Entspannter Sport: Angeln am Plattensee ohne allzuviel Stress (2). Von diesen Tellern speisen die Königshäuser der Welt: die Porzellanmanufaktur Herend (3).

2.2 BALATONFÜRED Mondäner Kurort

Balatonfüred am Nordufer des Plattensees hat sich aufgrund seiner Thermalquellen schon früh zu einem Kurort entwickelt. Im 19. Jahrhundert, während der Reformzeit, wurde er zum Treffpunkt für führende Politiker und Kulturschaffende. Die in dieser Zeit entstandenen prächtigen Bauten, wie die Trinkhalle der Lajos-Kossuth-Quelle oder das Schloss von Ferenc Széchenyi, prägen bis heute sein Erscheinungsbild.

TIPP

Die etwa 150 Meter lange Tropfsteinhöhle, benannt nach dem Regionalforscher Lajos Lóczy, im Norden des Ortes entstand durch Erosion des Kalkgesteins, verursacht durch aufsteigendes lauwarmes Wasser, www.bfnp.hu

2.3 VESZPRÉM UND HEREND

Porzellanmanufaktur

Die auf fünf Hügeln erbaute mittelalterliche Stadt Veszprém mit Burgviertel, Kirchen und Türmen bietet eine beliebte Abwechslung zu den Badefreuden am See. Etwas weiter nördlich liegt die Kleinstadt Herend mit der ältesten Porzellanmanufaktur Ungarns. Viele europäische Königshäuser verwenden die Traditionswaren bis heute.

TIPP

Noch immer werden bei Herend die alten Jugendstilmotive per Hand aufgetragen und dann das Porzellan nach traditionellen Prinzipien gefertigt. Besucher können sich das in der Minimanufaktur anschauen, www.herend.com

Sommerabend auf dem South West Coast Path in Cornwall

GROSSBRITANNIEN
Insel voller Überraschungen

Ob Brexit oder nicht: Großbritannien ist auch mit Passkontrolle nur einen Katzensprung mit dem Flieger von Deutschland entfernt. Nicht nur das trendige und hippe London, das Shopping-, Galerien- und Museen-Paradies, verlockt zu einem Wochenendtrip über den Kanal.

Es sind auch die urigen Dörfer in sattgrünen Landschaften, die gemütlichen Pubs, dramatisch hohe Küsten mit windumtosten Wanderwegen, Menhire aus der Steinzeit und barocke Landhäuser und Schlösser, deren Besitzer den Besucher für ein paar Pfund hinter die eleganten Fassaden blicken lassen. An einem langen Wochenende kann man Geistern in Edinburghs Altstadt nachspüren, Schotten beim traditionellen Haggis-Essen in einem Dorflokal in den Highlands kennenlernen und in Cornwall auf den Spuren von Schriftstellerin Rosamunde Pilcher wandern gehen. Auf der fast schon subtropisch anmutenden Blumeninsel Jersey ist es auch winters so mild, dass die Yucca-Palmen einige Meter hoch wachsen. Englands Kanalinsel ist immer noch ein Geheimtipp und ein perfektes Ziel für ein Wochenende zum Durchatmen in parkähnlicher Landschaft.

DIE TOP 5 ATTRAKTIONEN IM VEREINIGTEN KÖNIGREICH

CORNISH RIVIERA
Malerische Küste Cornwalls

JERSEY
Bilderbuchinsel im Ärmelkanal

EDINBURGH ALTSTADT
Voller Leben und Festivals

TRAQUAIR HOUSE
Märchenschloss mit riesigem Landschaftspark

MOUSEHOLE
Romantischer Zwerghafen

Wandern in Cornwall, immer der Küste entlang, bietet so manch spektakulären Blick, wie hier bei Tintagel Castle.

1 CORNWALL Sandstrände der Riviera

Ein Wochenende im Land von Rosamunde Pilcher unterwegs – immer der »Cornish Riviera« und dann der romantischen Südküste entlang: grüne Wiesen bis zum felsigen Meer, feinste Sandstrände und Spazierwege hoch über dem Meer. Im weißen Fischerdorf St. Ives locken Fischrestaurants und Galerien. Der St. Michael's Mount erinnert an den französischen Mont San Michel jenseits des Ärmelkanals. Bei Land's End schließlich endet Großbritannien mit den wildesten Felsen Cornwalls.

TIPP

Im Sommer zum Baden, im Winter zum Spazierengehen: Die Cornish Riviera bietet Sandstrände wie in Südeuropa, www.cornwall-beaches.co.uk

11 ST. IVES Künstlerdorf in Weiß

Die weißen Häuser aus Holz und Stein sind alle verschieden gebaut und hübsch herausgeputzt. Nicht nur die vielen lokalen und zugezogenen Künstler, die die zahlreichen Kunstgalerien beliefern, machen St. Ives zur unbestrittenen Kunsthauptstadt von Cornwalls Nordküste, sondern auch der sehr sehenswerte Ableger der Londoner Tate-Gallery, der sich ganz der berühmten Malschule von St. Ives widmet.

TIPP

Britische Küche ist schon lange nicht mehr öde. In den Restaurants und Pubs von St. Ives kommen frischer Fisch und Meerestiere auf die Teller, kreativ zubereitet im schicken Lokal The Loft, www.theloftrestaurantandterrace.co.uk

Ein Tag in St. Ives: Am Strand in der Sonne sitzen, Tee trinken und Kunst gucken gehen (1). An der Riviera Cornwalls kommen Fische und andere Meerestiere fangfrisch auf die Teller (2)!

12 MOUSEHOLE Berühmte Filmkulisse

Das seit dem 13. Jahrhundert existierende Fischerdorf, einst sehr arm und gar nicht romantisch, ist den Stürmen des Ärmelkanals ungeschützt ausgesetzt – und der Kampf mit der Natur hat seine Spuren auf den alten, grauen Gemäuern hinterlassen. Wie die Sitzreihen eines römischen Theaters stehen die Häuser einen Hügel hinauf, alle mit Blick auf das Meer.

TIPP

Schlafen, essen und Bier aus den kleinen Brauereien Cornwalls trinken, immer mit Blick auf Hafen und Meer. Das Traditionshaus The Ship Inn ist sicherlich eine der besten Adressen vor Ort, www.shippinmousehole.co.uk

13 TINTAGEL Wildromantischer Fake

In der ungemein stimmungsvoll auf einem Felsen hoch über dem Meer gelegenen Burgruine an der Nordküste soll der sagenhafte King Arthur residiert haben. Historisch ein Fake, aber das Schloss von Tintagel, errichtet zwischen dem 12. und 13. Jahrhundert, ist sicher die faszinierendste Burgruine ganz Cornwalls. Sie lässt sich entweder sportlich und landschaftlich reizvoll erkraxeln, oder auf bequemerem Weg über die neue Brücke erreichen.

TIPP

Die ideale Adresse nach der Kraxelei oder wenn einer der vielen überraschenden Regengüsse über die Küste fegt: Charlie's Café mit toller Kuchenauswahl, www.charlies.cafe

DAS Symbol Londons:
Die Tower Bridge ist immer
ein grandioser Blickfang und
zumindest einmal drüber-
schlendern sollte drin sein.

Abendlicher Blick auf die City, das Finanzzentrum der Stadt, wo zwischen immer neuen Stahl- und Glasgebilden uralte Kirchen hartnäckig ihren Platz behaupten.

2 LONDON
Unerwartet anders

Die Queen, Afternoon Tea, schwarze Taxen, rote Doppeldeckerbusse, Punks, Beatles auf dem Zebrastreifen, Gentlemen Clubs, Soldaten mit Bärenfellmützen. Luxusboutiquen, Obdachlose, Sozialbauten, pastellfarbene Häuser, Modehochburg, Designschmiede, schicke Mütter, reiche Oligarchen, arbeitslose Jugendliche, alte Meister, Streetart. London ist eine Stadt voller Symbole und ein Ort der Gegensätze.

Die Stadt stand einst im Mittelpunkt einer Weltmacht und ist nun Hauptstadt einer Insel, die hartnäckig ihren Platz am Rande Europas behauptet. Brexit hin oder her – und Londoner haben mehrheitlich für »Remain« gestimmt – London ist nach wie vor ein globales Finanzzentrum, Geburtsort von Musik- und Modetrends, innovativ und voller verschrobener Traditionen. London nimmt Menschen aus aller Welt auf, gleichmütig und ohne viel Aufhebens darum zu machen. Jeder kann Londoner werden, und London macht es keinem einfach. London ist einfach gnadenlos faszinierend.

Seit Sommer 2019 hat sich die Stadt an der Themse ein weiteres, unerwartetes Emblem zugelegt und wurde zur ersten Nationalparkstadt der Welt ernannt. Typisch London: Man erwartet einen urbanen Moloch und bekommt über acht Millionen Bäume, Grünflächen oder Wasserbereiche wie Flüsse oder Kanäle, die fast die Hälfte der städtischen Bereiche ausmachen, und fast 15 000 Tierarten – und das in einer Stadt mit neun Millionen Einwohnern. Diese nutzen ihre städtische Wildnis übrigens, wo es geht. Ob zum Sandwich-Lunch im Park, dem Picknick am Wochenende, Hundeausführen, Joggen oder einer gepflegten Runde Cricket.

London kann überhaupt viel idyllischer sein, als es das Klischeebild allgemein vermittelt. Buckingham Palace, Houses of Parliament, Big Ben, Westminster Abbey, Trafalgar Square oder Madame Tussauds – das haben die meisten Wochen-

LONDON IST AUS VIELEN DÖRFERN ZUSAMMENGEWACHSEN. OB SHOREDITCH, HAMPSTEAD ODER SOHO – ABSEITS DER OXFORD STREET FINDEN NEUGIERIGE STADTSPAZIERGÄNGER BEZAUBERND UNERWARTETE EIN- UND AUSBLICKE.

endreisenden auf der Liste. Aber: Wer auch nur ansatzweise mehr als nur Touristen beim Selfieschießen sehen will, der muss die üblichen Sehenswürdigkeiten hinter sich lassen und rein oder vielmehr raus in die Kieze, die »neighbourhoods« der Stadt. Denn dann genügt selbst ein langes Wochenende, um vorübergehend Londoner zu werden.

TIPP

Unbedingt Momente auf der Themse einplanen, um die Stadt von der Wasserperspektive aus zu sehen: Die Thames Clippers RB2-Route verbindet beispielsweise die beiden Kunsttempel Tate Britain und Tate Modern. 15 Minuten Fahrt, Blicke auf Hauptsehenswürdigkeiten von Houses of Parliament bis Shakespeare's Globe und an jedem Ende Weltklassekunst. Perfekt.

Idyllisch wohnen und bummeln in London? In Hammersmith und Hampstead geht das (1 und 2). Urbaner wird es in King's Cross und Bermondsey, wo viktorianische Industriekultur und 21. Jahrhundert eine inspirierende Verbindung eingehen – zum Shoppen oder Eintauchen in Londons vielseitige Streetfood-Szene (3 und 4).

2.1 HAMMERSMITH Flussidylle

Am besten man lässt die Tube-Station Hammersmith mit ihrem monströsen Kreisverkehrsgebilde schnell hinter sich und steuert die sogenannte Hammersmith Riviera an. Richtung Westen auf der Lower und Upper Mall lässt sich London auf einem der schönsten Spaziergänge entlang der Themse erleben. Unglaublich grün ist hier der Blick auf das gegenüberliegende Südufer. Eigentlich zu jeder Jahreszeit, aber besonders im Sommer ein Lieblingsort mit urigen Pubs und himmlisch schönen Traumhäusern aus vergangenen Jahrhunderten.

TIPP

Hier kann man wunderbar im Old Ship (tolle Terrasse) oder dem urigen The Dove aus dem 17. Jahrhundert mit begehrtem Minibalkon einkehren, www.oldshiphammersmith.co.uk, www.dovehammersmith.co.uk

2.2 HAMPSTEAD Der Blick von oben

Der Blick vom Parliament Hill, die verwinkelten Gassen, die charmanten Häuser und dieses ganz eigene Flair: In Hampstead liegt sechs Kilometer vom Zentrum auf einem Hügel über London eine der begehrtesten (und teuersten) Wohngegenden. Ein wenig intellektuell, ein Touch Bohème – hier haben sich schon immer Schriftsteller und Künstler wohlgefühlt, auf deren Spuren man heute wandeln kann. Mittendrin liegt Hampstead Heath, ein wunderbar ungezähmtes Stück Natur.

TIPP

Perfekt für eine Kaffee- & Kuchen-Zeitreise in die Vergangenheit: die nostalgische Louis Patisserie, www.louis-patisserie.com

23 KING'S CROSS Urbane Regeneration

Die Gegend um den Bahnhof King's Cross war lange Zeit eine verrufene Ecke. Ein riesiges Regenerationsprojekt hat hier ein ganz neues Kultur- und Ausgehviertel geschaffen, das inzwischen zu den coolsten Ecken der Stadt gehört. Im Zentrum: der Granary Square wenige Minuten hinter dem Bahnhof, Londons neuer Lieblingsplatz, seit Central Saint Martins als Prestige-Uni für Kreative in einen alten Getreidespeicher eingezogen ist.

TIPP

Neuester King's Cross Liebling: Coal Drops Yard – für 1a-Shopping in viktorianischer Industriearchitektur, www.coaldropsyard.com

24 VICTORIA & ALBERT MUSEUM

Schatzkiste

Ein einziges der vielen, fantastischen und größtenteils eintrittsfreien Londoner Museen besonders hervorzuheben, ist fast unfair. Aber das Kunstgewerbemuseum V&A in South Kensington ist einfach eine ganz besondere Schatzkiste. Hier gibt es alles: Skulpturen, Zeichnungen, Gemälde, Glas, Schmuck, Porzellan, Möbel, Stoffe und Fotografien aus jeder Epoche und jedem Winkel der Welt.

TIPP

Hinter dem Museum versteckt sich der herrliche John Madejski Garden. Und: Am letzten Freitag des Montag verwandeln die »Friday Late« Abende das V&A in einen tollen Ausgehort mit Bar und DJs, www.vam.ac.uk

25 THAMES PATH mit Freiluft-Wohnzimmer

Der perfekte Stadt-Schnelldurchlauf: Beim Spaziergang auf dem Thames Path vom London Eye bis zur Tower Bridge zeigt sich das Panorama der Stadt von seiner besten Seite. Das Kulturzentrum des Southbank Centre ist wie ein Wohnzimmer an der Themse. Auf dem Weg liegen außerdem Shakespeare's Globe, die Tate Modern, kulinarische Höhepunkte gibt's auf dem Borough Market.

TIPP

Eine Oase zwischen Wildblumen, Tomaten und Obstbäumen mitten in London: die Queen Elizabeth Hall Roof Garden mit Bar/Café, www.southbankcentre.co.uk

26 MALTBY STREET MARKET

Street Food mal anders

London ist **die** Streetfood-Hochburg Europas. Eine der charmantesten Optionen ist das gastronomische Sammelsurium des Maltby Street Market, schön versteckt rund 30 Minuten südöstlich der Tate Modern. Hier versammeln sich am Wochenende und freitags zur Lunchtime einige der originellsten Streetfood-Anbieter der Stadt in einer kleinen Gasse direkt neben einem Bahnviadukt mit alten Gewölben.

TIPP

Sightseeing der anderen Art mit Dave von »Shoreditch Street Art Tours«, einem Kenner der einzigartigen Streetart-Szene in Londons hippem Osten – ein Augenöffner für originelle und subversive Kunstperspektiven, www.shoreditchstreetarttours.co.uk

Abendstimmung bei Le Don Hilton, einem Pulvermagazin aus dem 18. Jahrhundert (1). Jersey wird ständig vom Ärmelkanal umbraust – ein Paradies für Wind- und Wetterliebhaber (2). Wind und Wetter auf Jersey trotzt man nach dem Sport am besten in gemütlichen Pubs (3).

3 JERSEY Insel-Rundfahrt per Rad

Weiße Strände, sattgrüne Wälder und Wiesen, ursprüngliche Ortschaften und heimelige Pubs zum Einkehren: Auch wenn Jersey klein ist, stehen dem Besucher fast 600 Kilometer Straßen und Fahrradwege zur Verfügung. Ob mit dem Mietwagen, dem Bus oder, viel angenehmer, mit dem Rad: Ein langes Wochenende reicht mit Sicherheit aus, sich vom ständig wechselnden Zauber dieser Kanalinsel verführen zu lassen.

TIPP

Strandurlaub auf Jersey? Für Kälteunempfindliche und vor allem für Surfer sind die feinen Sandstrände und deftigen Wellen vor der Insel ein Mekka. Die Insel-Webseite gibt Auskunft: www.jersey.com/jersey-beaches-guide

3.1 NEW STREET-MUSEUM

Inselluxus pur

Von wegen primitives Inselleben! Schon im 18. und 19. Jahrhundert lebte es sich hier ausgezeichnet, fast wie im fernen London. Das beweist ein Besuch im lokalen Museum des National Trust. Das elegante Haus aus dem späten 18. Jh., ein klassizistischer Bau, ist komplett im Stil jener Zeit eingerichtet.

TIPP

Ganze sieben Museen gibt es auf Jersey! Eines davon erzählt die unselige Geschichte der heute weitgehend vergessenen deutschen Besatzung der Insel während des Zweiten Weltkriegs. Fünf Jahre blieben die Deutschen und gruben lange Tunnel ins Inselgestein. Heute sind sie zu besichtigen. www.jerseywartunnels.com

3.2 SAMARÈS MANOR Grüne Oasen

Der Garten ist unbestritten einer der schönsten Südenglands und Pilgerziel vieler Gartenfans. Geschaffen wurde das grüne Paradies in den 1920er-Jahren von Sir James Knott, der damals das Anwesen erwarb und ausbaute. Die ausgedehnten Gartenanlagen umfassen unter anderem einen britischen Landschaftspark, einen Barock- und natürlich einen Gemüsegarten.

 TIPP

Jersey ist ein Dorado für Garten- und Blumenfreunde, mit gleich fünf Gärten, die besichtigt werden können. Einzigartig ist die Vielfalt an Orchideen in der Eric Young Orchid Foundation, www.ericyoungorchi.org

4 EDINBURGH

Gegensätze: Old Town – New Town

Viel Mittelalter, Barock und Klassik, Festivals und sehenswerte Schlösser bietet Großbritanniens zweite Hauptstadt. Enge Gassen und hohe Häuser aus verschiedenen Jahrhunderten, Wehranlagen und das mächtige Edinburgh Castle kennzeichnen das mittelalterliche Zentrum Edinburghs, das eines der am besten erhaltenen in ganz Großbritannien ist. Die mächtige Burg und die Altstadt erheben sich über der »New Town« aus dem 18. Jahrhundert auf einem Felsrücken, auf dem es tagsüber ziemlich lebhaft werden kann. Abends ist die »Old Town« fast schon bühnenhaft ausgeleuchtet. Unbedingt besichtigen: den prächtigen Palast der Queen im Holyroodhouse und die Prachtstraße Royal Mile mit zahllosen historischen Gebäuden. Museen und Parks prägen die elegante, helle Neustadt. Im Umland warten kleine Orte und menschenleere Küstenabschnitte mit herrlichen Stränden.

TIPP

Gleich zwei Festivals im August lohnen die Anreise: Das Royal Edinburgh Military Tattoo, bei dem die besten Dudelsackbands gegeneinander anspielen, und das Edinburgh International Festival, bei dem Oper, Tanz und Theater geboten werden, www.edintatoo.co.uk, www.eif.co.uk

Panoramablick über Edinburgh. Durch die verwinkelten Gassen der Altstadt wandert man am besten zu Fuß.

Schottische Wappen in Edinburgh: Eine Spitze gegen die nicht besonders beliebten Engländer (1). Nirgendwo sonst hat sich die Struktur einer alten royal burgh so erhalten wie in Culross (2). Originalgetreu rekonstruierte historische Räumlichkeiten in Schloss Linlithgow – hier die alte Bibliothek (3).

4.2 CULROSS Weltabgeschieden

Nur fünfhundert Einwohner hat Culross. An windigen und regnerischen Tagen bekommt man das Gefühl, am Ende der Welt angekommen zu sein. Es war blankes Glück, dass der National Trust for Scotland schon Anfang des 20. Jahrhunderts erkannte, was für ein Kleinod hier überlebt hatte. Nirgends sonst hatte sich die Struktur einer alten »royal burgh« so erhalten wie hier. Im Ort erhebt sich der Culross Palace, einer der am besten erhaltenen schottischen Paläste aus dem 15. Jahrhundert.

TIPP

Eine Stärkung gefällig? Dann ab ins Red Lion Inn, das seit mehr als 200 Jahren existiert. Die Gerichte sind zünftig, das lokale Bier fantastisch, www.redlionculross.co.uk

4.1 TRAQUAIR HOUSE Ale im Schloss

In die Höhe gebaut, blütenweiß und mit kuriosen Erkern ausgestattet erhebt sich dieses Schloss inmitten einer herrlichen Parklandschaft aus grünen Hügeln, uralten Bäumen und Wiesen so weit das Auge reicht. Im 12. Jahrhundert errichtet, diente diese Anlage den schottischen Königen als Jagdschloss. Aus dem eigens angelegten Heckenlabyrinth im Park findet man garantiert nicht so schnell wieder heraus.

TIPP

Das schlosseigene Traquair House Ale-Bier ist fantastisch gut. Seit mehr als hundert Jahren wird es nach einem geheimen Rezept gebraut. Ein dunkles, kräftiges Bier, das leicht süß nach Pflaumenkuchen und Mandeln schmeckt, www.traquair.co.uk/brewery

4.3 LINLITHGOW Bilderbuchruine

Die märchenhaft und erhaben wirkende Schlossruine inspirierte viele Dichter und Schriftsteller und beeindruckt am meisten an regnerischen Tagen oder an späten Nachmittagen, wenn die Sonne das riesige alte Gemäuer in Goldfarben taucht. Die Anlage war lange Zeit bevorzugter Wohnsitz der schottischen Könige und ist die älteste ihrer noch erhaltenen Residenzen. Gleich zwei schottische Monarchen wurden hier geboren: James V. und Maria Stuart, deren tragisches Schicksal noch heute berührt.

TIPP

Die St. Michael's Parish Church ist eine der kuriosesten Wehrkirchen Schottlands. Oliver Cromwells protestantische Soldaten nutzten sie als Pferdestall. In den vergangenen Jahren wurde sie komplett restauriert, www.stmichaelsparish.org.uk

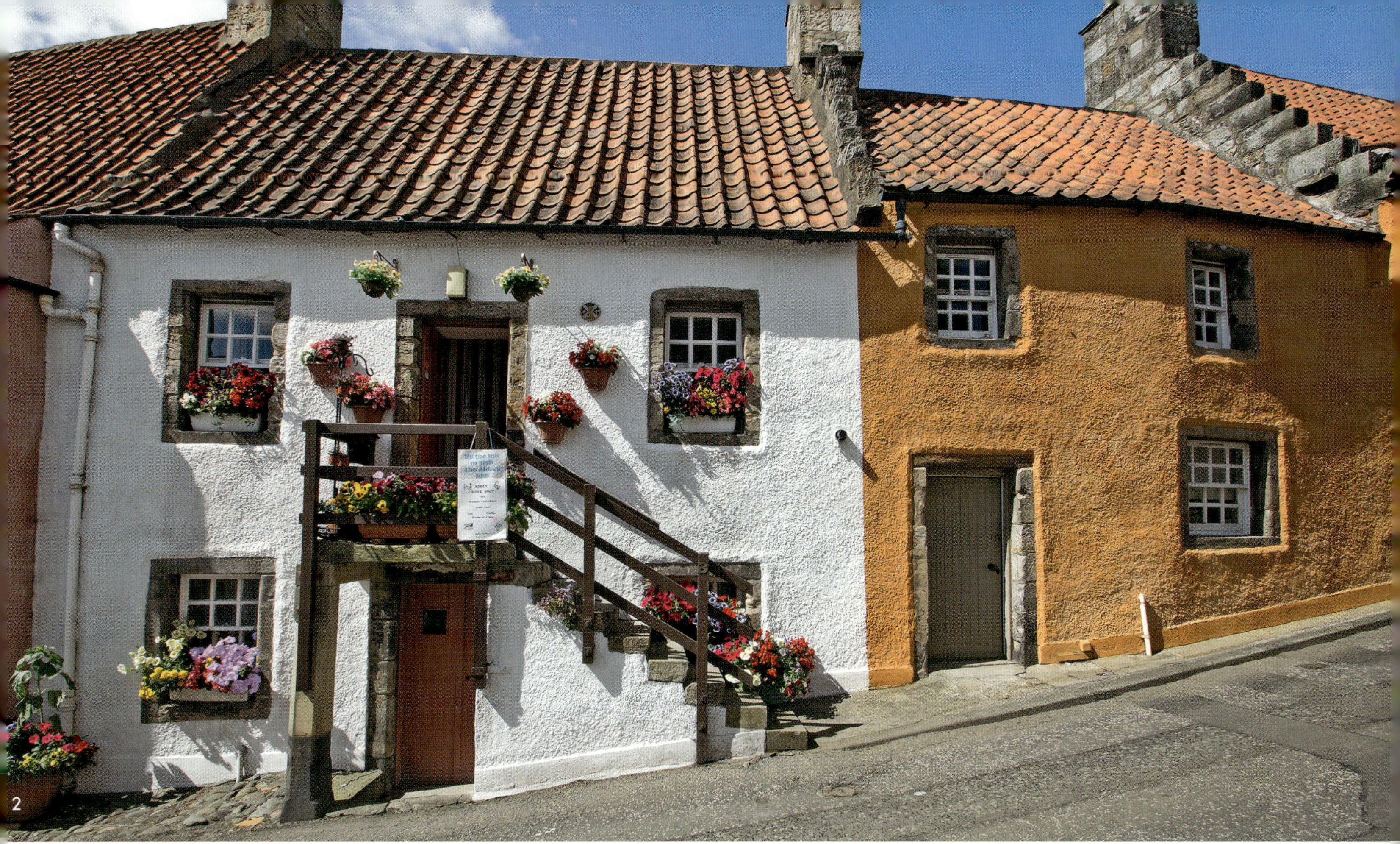
2

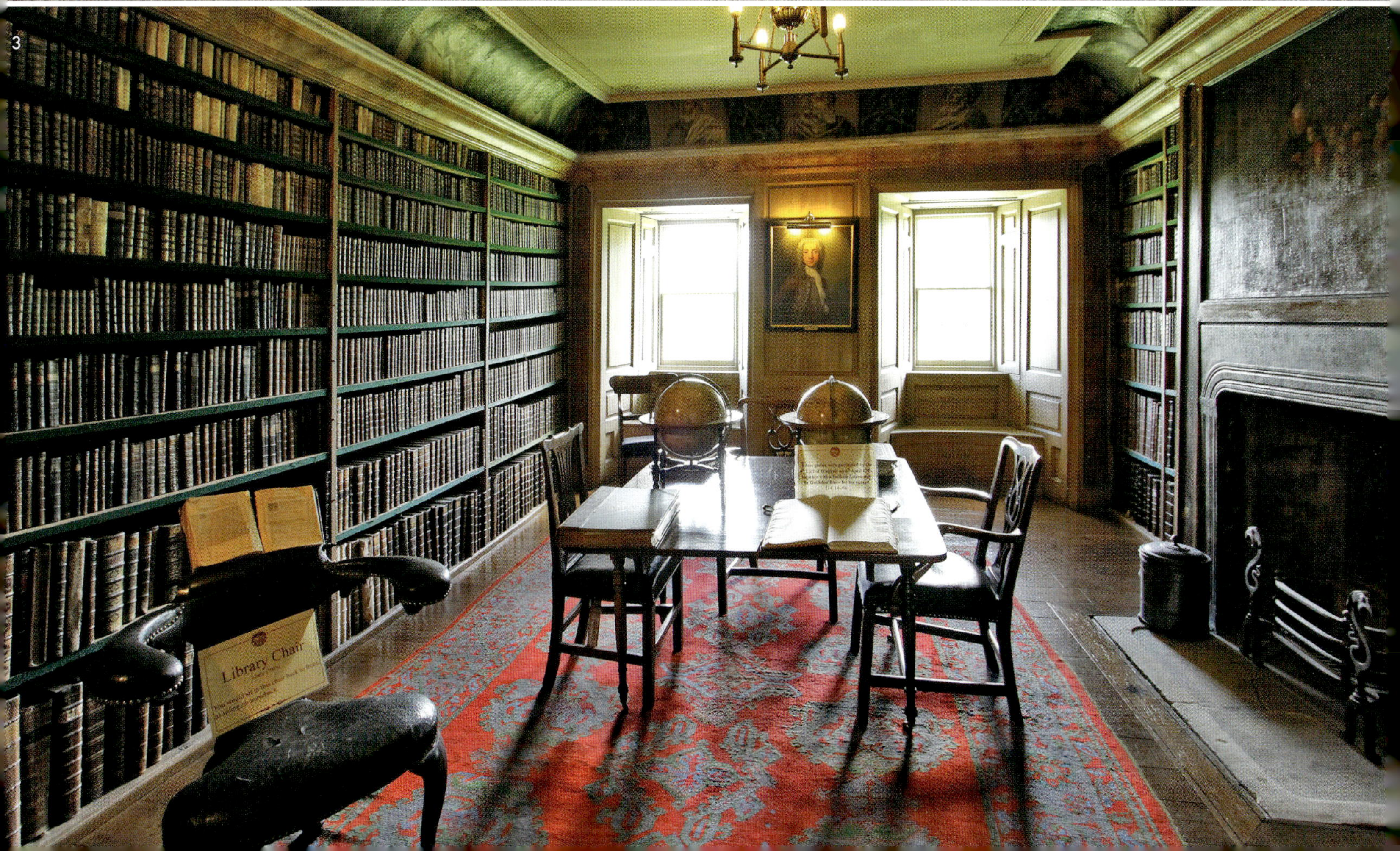

3

Die Kylemore Abbey in
Pollacapul in Connemara liegt
romantisch an einem See.

IRLAND
Windumtoste Landschaften und Kulturdenkmäler

Dublin und Irland sind perfekte Wochenendziele – wenn man nicht gerade im ziemlich überlaufenen Sommer anreist. Doch wer wetterfest und aufgeschlossen ist, wird schnell verstehen, dass dieses Land auch im Herbst und Frühling und bei Wind und Regen einen ganz besonderen Reiz ausübt.

James Joyce und seine *Dubliners* (unbedingt lesen!) und nach Torf duftender, irischer Whiskey, raue, salzige Küstenwinde und ein Klima, das alle Viertelstunde etwas Neues bietet. Weiße Sandstrände und saftige Wiesen, die bis ans Meer reichen. Und dazu liebevoll freundliche Menschen, die, auch wenn sie nicht perfekt Englisch sprechen, ungemein hilfsbereit sind. In Sachen Wetter ist eines sicher: Es regnet fast nie länger als ein paar Minuten. Dann kommt wieder die Sonne durch. Die sich ständig verändernden Wolkenformationen und das Meer von den hohen Klippen bei Moher aus zu beobachten lohnt auch eine längere Anreise.

In der direkten Umgebung von Galway und Dublin erheben sich auf einem kahlen Hochplateau und von rauer Natur umgeben prähistorische Grabmäler und malerische Kirchen- und Klosterruinen.

DIE TOP 5 ATTRAKTIONEN IN IRLAND

DUBLIN
Kultur-Schatzkiste und Pilgerziel für Bierliebhaber

GLENDALOUGH
Mittelalter pur

CLIFFS OF MOHER
Irlands höchste Klippen

CONNEMARA-RUNDFAHRT
Zwei Tage durch die irische Wildnis

THE BURREN
Magisches Hochplateau

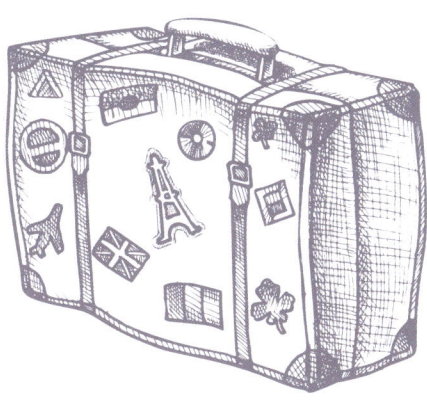

Nirgendwo sonst in Irland
kommen Moderne und
Altes so abwechslungsreich
zusammen wie in Dublin.

1 DUBLIN

Alte Bücherschätze und Dichtermuseen

Eigentlich kann es in Dublin immer regnen. Im Sommer ist es dennoch öfter möglich, die Altstadt und ihre Schätze trocken zu erkunden. Und wenn es stürmt und gießt: An tollen Pubs herrscht kein Mangel, und auch die vielen Museen bieten Schutz vor plötzlichen Unwettern und viel kulturhistorisches Vergnügen. Im barocken Trinity College wird das *Book of Kells* aufbewahrt, eines der schönsten und ältesten Bücher der Welt. Die Welt der Wikinger, die lange die irische Küste heimsuchten, lebt im National Museum wieder auf und das Dublin Castle ist ein Muss für Palastliebhaber. Dublin war und ist auch eine Stadt der Schriftsteller. Klar, dass es nicht nur ein Museum im ehemaligen Wohnhaus von James Joyce gibt, sondern ein eigenes Dublin Writer's Museum. Und wenn die Museen schließen? Ab ins Viertel Temple Bar!

TIPP

Sich mal etwas gönnen? Dann schlafen Sie im historischen The Sehlbourne Hotel. In dieser Luxusherberge treffen viktorianischer Charme und modernster Komfort aufeinander. Hier nächtigten schon Elizabeth Taylor, Michelle Obama und Charlie Chaplin, 27 St Stephen's Green, www.theshelbourne.com

Der Kirchturm, in den kriegerischen Zeiten des Mittelalters auch Wehrturm, ist in Glendalough schon von Weitem zu sehen.

11 GLENDALOUGH Ein magischer Ort

Inmitten von tiefdunklen Seen, rauen Bergen und wilder Natur errichteten Mönche im Mittelalter in Glendalough eine der bezauberndsten und weltfernsten Klosteranlagen Irlands. Die mächtigen Türme, die mehr Wehr- als Kirchtürme sind, stehen noch. Die übrigen Klosteranlagen sind heute Ruinen, die geradezu aus der Natur herauszuwachsen scheinen. Die weitläufige Anlage muss erwandert werden, deshalb sollte man für diesen Trip einen halben Tag einplanen. Und: Schirm mitnehmen! Hier regnet es oft.

TIPP

Nach dem etwas anstrengenden Spaziergang durch die ausgedehnten Klosteranlagen ein Häppchen zur Stärkung? Hendleys' Fish & Chips, ein echter Geheimtipp, bietet frische und herzhafte Fischgerichte, Main Street, Avoca Wicklow, +353/402/30937

12 NEWGRANGE Älter als Stonehenge

Rund 40 Autominuten nördlich von Dublin erhebt sich in der grünen Landschaft eines der größten prähistorischen Bauwerke weltweit. Errichtet vor fast 5000 Jahren, während der Jungsteinzeit, wurde dieses riesige Grabmal eines Fürsten mit einem Durchmesser von 90 Metern im 17. Jahrhundert wiederentdeckt. Durch einen 22 Meter langen Gang erreicht man die Grabkammer mit einem sieben Meter hohen Gewölbe. In den vergangenen Jahrzehnten wurde die Anlage restauriert und kann, gruppenweise, besichtigt werden.

TIPP

15 Autominuten vom Grab entfernt liegt eine der ältesten und besten Whiskey-Destillerien Irlands. Seit rund 150 Jahren reift hier der Slane Irish Whiskey in alten Eichenfässern, ein kräftiger und leicht-fruchtig schmeckender Tropfen, der vor Ort verkostet werden kann, www.slaneirishwhiskey.com

Von wegen weit weg vom Schuss: Die europäische Steinzeitkultur hinterließ auch in Irland, wie hier in Newgrange, eindrucksvolle Bauten.

Die gigantischen Klippen
von Moher sind umwerfend –
auch weil es hier sehr windig
werden kann!

2 GALWAY Grau und gemütlich

Galway, die kleine und urige Hafenstadt, ist ein idealer Ausgangspunkt zum Erkunden der wildromantischen Westküste Irlands. Hinter jeder Kurve überraschen fantastische Aussichtspunkte mit Bergen, Stränden, gemütlichen Dörfern und einem ziemlich rauen Atlantischen Ozean. Lokale Spezialitäten sind der frische Lachs und das Galway Hooker, das schon mehrfach zum besten Bier Irlands gekürt wurde.

TIPP

Trödelladen? Whiskeyflaschen-Museum? Konzertsaal? O'Connor's Famous Pub ist seit 1845 eine Institution in Galway. Das Bier- und Whiskeyangebot ist fabelhaft. Abends wird musiziert, www.occonorsbar.com

2.1 CLIFFS OF MOHER Atemberaubend

Bis zu 217 Meter hoch und fast acht Kilometer lang – diese Klippen gehören zu den landschaftlich eindrucksvollsten ganz Nordeuropas. Der Wind ist oft ein kräftiger Sturm und der Besucher versteht rasch, wozu die vielen Geländer an den Aussichtspunkten bei den Klippen dienen. Ein Rundumblick über die Klippen ist vom Flachdach des 1835 errichteten O'Brien's Tower möglich.

TIPP

Versteinerte Bäume und Muscheln, seltene Steine aus aller Welt, feinstes irisches Kunsthandwerk … Im The Rock Shop gibt es echte Raritäten, Dereen, Liscannor, www.therockshop.it

2.2 CONNEMARA Einsame, wilde Küsten

Von Galway aus lässt sich die Region Connemara, eine der wildromantischsten Landschaften der westirischen Küste, bestens erkunden. Die Tour führt über Screebe via Glynsk nach Clifden. Die nördliche Küste Clifdens, die Sky Road, ist eine Panoramastraße mit umwerfenden Aussichtspunkten. Über die kleine Hafenstadt Westport geht es durch das wilde Landesinnere zurück nach Galway, vorbei an tiefgrünen Hügeln, an bemoosten Felsen und dickpelzigen Schafen.

TIPP

Westport House ist eines der prächtigsten Schlösser Irlands, 30 Säle voll mit Kunst und Antiquitäten. Für Kinder gibt es einen weitläufigen Vergnügungspark im Schlosspark, www.westporthouse.ie

Galway, irische Fischerstadt und Pub-Metropole, hat ihren etwas weltfernen Charme bewahrt (1). Pearse's Cottage bei Gortmore liegt direkt am Wild Atlantic Way, der längsten ausgewiesenen Küstenstraße der Welt (2).

2.3 THE BURREN Geheimnisvolle Steinzeit

Das menschenleere Hochplateau des Burren ist eine sehr einsame Karstlandschaft im Nordwesten. Im Neolithikum lebten hier die ersten Menschen Westirlands. Sie hinterließen eindrucksvolle Grabmäler, wie den mächtigen, etwa 6000 Jahre alten Poulnabrone-Dolmen, das auch Loch der Sorgen genannt wird: ein sogenanntes Portalgrab und einer der geheimnisvollsten Orte Irlands, um den sich viele Legenden ranken.

TIPP

Wohnen mit Blick auf den Atlantik, in urgemütlichem Ambiente, mit jedem Komfort und ganz persönlichem Service? Im Sea View House in Doolin wird der Gast wie ein Familienmitglied behandelt, www.seaview-doolin.ie

Das Opernhaus in Oslo wurde einem treibenden Eisberg nachempfunden.

SKANDINAVIEN

Quirlige Hauptstädte mit viel Kultur

Der Norden Europas ist für seine großartige Natur bekannt. Doch längst punkten die Metropolen Kopenhagen, Stockholm und Oslo mit einem hochkarätigen Kulturangebot und mittlerweile auch mit quirliger Großstadtatmosphäre, trendigen Shops und Lokalen – nicht nur, aber vor allem in den langen und hellen Sommernächten.

Hygge – Wohlbefinden: Dieses Lebensgefühl ist an vielen Stellen in Kopenhagen zu spüren. Zum Beispiel, wenn man wie viele andere mit dem Fahrrad unterwegs ist oder im Sommer die Seebäder direkt im Zentrum nutzt. Mit der alternativen Wohnsiedlung Freistadt Christiania hat die Stadt neben Schloss und kleiner Meerjungfrau eine ganz besondere Sehenswürdigkeit. In Stockholm gehen Land und Wasser eine liebevolle Liaison ein. Die Sehenswürdigkeiten wie Rathaus, Altstadt und Schloss wurden auf Inseln gebaut, die heute mit Brücken untereinander verbunden sind. Sportliche erkunden die Stadt auch einmal mit dem Kajak. Oslos Nähe zur Natur ist überall greifbar. Schließlich liegt die Stadt zwischen dem Wasser des Oslofjords und den grünen Wäldern der Oslomarka. Dazwischen gibt es alte und neue Architektur, tolle Museen und die Hauptattraktion Holmenkollen.

DIE TOP 5 SEHENSWÜRDIGKEITEN IM NORDEN EUROPAS

KOPENHAGEN
• Nordeuropas größtes Meerwasseraquarium Den blå Planet
www.denblaaplanet.dk/en

OSLO
• Skisprungschanze Holmenkollen mit toller Aussicht, www.visitoslo.com
• Museumsinsel Bygdøy mit Geschichte, Kunst und Kultur
www. norskfolkemuseum.no

STOCKHOLM
• Freilichtmuseum Skansen mit Tierpark
www.skansen.se/de
• Altstadt Gamla stan mit schmalen Gassen und historischen Gebäuden
www.stockhom-online.de

Der gläserne Tunnel erlaubt faszinierende Einblicke in die eigentümliche und gleichzeitig erstaunliche Welt in den Tiefen des Meeres (1). Schon Hans Christian Andersen genoss den Trubel am Kopenhagener Nyhavn, der Mitte des 19. Jahrhunderts allerdings rauer und rustikaler war (2). In der Jægersborggade zeigen handgemalte Wegweiser auf charmante Art, welche Einkaufsmöglichkeiten es gibt (3).

11 HAI IM UFO · Der Blaue Planet

Futuristisch anmutend liegt ein silbern glänzendes, flaches Schneckenhaus am Ufer des Øresund im Süden der Stadt. Weitaus faszinierender als dieses architektonische Meisterwerk ist das darin untergebrachte, größte Meerwasseraquarium Nordeuropas. In 53 Aquarien, Installationen, Dioramen und einem gläsernen Tunnel werden einzigartige Unterwasserwelten präsentiert. Am Wochenende gibt es Gelegenheit zur Fütterung der Otter oder – für ganz Mutige – der Haie. www.denblaaplanet.dk

TIPP

Die neue Kopenhagener Metro sorgt für beste und schnellste Verbindungen innerhalb der Stadt. Sie ist führerlos unterwegs, sodass man auch ganz vorne sitzen und sich als Fahrer fühlen kann. Ein großer Spaß für Kinder. www.m.dk

1 KOPENHAGEN · Smørrebrød

Dänemark hat aus dem schnöden belegten Brot längst einen gastronomischen Kult gemacht. In fünfter Generation führt Oscar Davidsen das 1888 gegründete Restaurant »Ida Davidsen« nahe der Marmorkirche, benannt nach Oscars Urgroßmutter Ida. Die Menüliste ist inzwischen auf 280 köstliche Smørrebrød-Variationen angewachsen. Schon die spektakuläre Auslage ist ein Augenschmaus. Doch vor dem Genuss steht bekanntlich die Qual der Wahl.

TIPP

In einem umgebauten Lagerhaus aus dem Jahr 1905 am Anfang des weltberühmten Nyhavn ist das elegante Hotel Nyhavn 71 untergebracht, dessen Restaurant »SEA by Kiin Kiin« mit einem Michelin-Stern dekoriert wurde. www.71nyhavnhotel.dk

12 NØRREBRO · Swinging Copenhagen 2.0

Kunst und Kitsch, Kultur und Kulinarik – das charmante Szeneviertel Nørrebro, dessen Zentrum die Jægersborggade ist, hat unzählige Facetten: Im »Grød« zum Beispiel besteht die Speisekarte aus Variationen von Haferbrei, wenige Häuser weiter lockt »Istid« mit Eiskreationen und »Ro Chocolade« mit hausgemachten Pralinen. Ausgefallener skandinavischer Schmuck, hauchdünnes Porzellan, dazu Weinlokale, Edelrestaurants und Kaffeespezialitäten – Genüsse für alle Sinne!

TIPP

Das Brauerei-Restaurant »BRUS« bietet gut zwei Dutzend verschiedene Biere vom Fass an. Selbst gebraut wird auch, experimentierfreudig und innovativ. Leckere Burger und Salate serviert das eigene Restaurant »Spontan«. www.tapperietbrus.dk

2

3

Die Segelschiffe an der Rådhusbrygge in Oslo stehen wie ein Symbol für die lange Seefahrtsgeschichte Norwegens.

2 OSLOFJORD   Krabbenpulen mit Aussicht

Die norwegische Hauptstadt schmiegt sich landschaftlich ungemein reizvoll zwischen die umliegenden Hügel und den Oslofjord. Was liegt also näher, als an einem schönen Sommerabend mit dem Boot auf Kreuzfahrt zu gehen? Während Krabben gepult werden, gleitet das Schiff an der Festung Akershus vorbei, nimmt Kurs auf einen Leuchtturm mitten im Fjord und fährt an bunten Bootshäusern mit winkenden Menschen vorbei – besser kann man den Abend kaum verbringen.

TIPP

Direkt am Hafen erhebt sich das strahlend weiße Opernhaus von Oslo aus dem Wasser – Treffpunkt von Musikfreunden, Touristen und Einheimischen, die den Blick auf den Fjord genießen, www.visitnorway.de

2.1 VIGELANDPARK   Monumentale Skulpturen

Eigentlich hätte Gustav Vigeland (1869–1943) nur einen Brunnen bauen sollen. Doch der Bildhauer brachte die Stadt dazu, einen ganzen Skulpturenpark zu planen. Mehr als 200 Skulpturen aus Stein und Bronze stellen unter anderem den Kreislauf des Lebens dar. Bemerkenswert ist der Monolith, der die Entwicklung des Menschen vom Kleinkind zum Greis darstellt.

TIPP

Ein weiteres Kunst-Highlight ist das Munch-Museum, in dem eine große Zahl von Gemälden, Grafiken und Zeichnungen des berühmten norwegischen Expressionisten zu sehen sind, www.munchmuseet.no/de

Dyna Fyr ist ein ehemaliges Leuchtfeuer im Oslofjord in der Nähe der Halbinsel Bygdøy (1). Der Monolith im Vigelandpark thematisiert die Entwicklung des Menschen (2).

2.2 HOLMENKOLLEN   Berühmte Schanze

Auch Menschen, die sich nicht für den Skisport interessieren, dürfte der Name Holmenkollen mit der berühmten Skisprungschanze ein Begriff sein. Deren Silhouette ist schon von Weitem an den Hängen oberhalb des Zentrums zu sehen. Vom begehbaren Schanzenturm aus bietet sich ein schwindelerregender Blick über die Stadt und den sich weit ins Land hineinstreckenden Oslofjord. Im Winter findet zu seinen Füßen das Holmenkollen-Skifestival statt.

TIPP

In die Schanzenanlage integriert ist das älteste Skimuseum der Welt, das die Geschichte dieser Fortbewegungsart aufgreift. Im Simulator ist außerdem ein völlig ungefährlicher Sprung von der Schanze möglich, www.skiforeningen.no/en

2.3 BYGDØY   Geballte Geschichte

Mit der Fähre gelangt man zur Halbinsel Bygdøy mit einer ganzen Reihe hochkarätiger Museen. Im Kon-Tiki-Museum wird an den Wissenschaftler und Abenteurer Thor Heyerdahl und seine Forschungsfahrten erinnert, das Fram-Museum widmet sich den Polarfahrten von Nansen und Amundsen, während im Norwegischen Freilichtmuseum 155 traditionsreiche Gebäude aus ganz Norwegen zu sehen sind.

TIPP

Genug von Museen? Dann ist der Besuch an den Badestränden von Bygdøy wie der Paradisbukta eine gute Idee. Spielt das Wetter nicht mit, ist ein Spaziergang mit Fjord-Panorama eine tolle Alternative.

3 STOCKHOLM Stadshuset für alle

Schwedens Hauptstadt wird auch gern das »Venedig des Nordens« genannt. Wie zutreffend diese Bezeichnung ist, zeigt das Panorama vom 106 Meter hohen Turm des Stadshuset, dem Stockholmer Rathaus. Auf seiner Spitze thronen drei Kronen, das Symbol für Schweden. Nur wenige Meter tiefer befindet sich die Aussichtsplattform, von der aus weite Teile der auf mehreren Inseln erbauten Stadt mit seinen vielen historischen Gebäuden zu sehen sind.

TIPP

Bei einer geführten Tour kann auch das aus Backstein gebaute Rathaus besucht werden. Jedes Jahr findet hier im Blauen Saal das Bankett anlässlich der Verleihung der Nobelpreise statt, www.stockholm-online.de/stadshuset

3.1 SKANSEN Reise durch Schweden

Im ältesten Freilichtmuseum der Welt wird das Schweden längst vergangener Zeiten wieder lebendig. Und das im Wortsinn, schließlich stehen hier nicht nur Gebäude aus allen Landesteilen, sondern man begegnet auch Menschen in Tracht und Meistern traditioneller Handwerkskunst. Dazu kommen die typischen Nutztiere sowie die Raubtiere des Nordens wie Wolf, Luchs oder Vielfraß – und natürlich der König der Wälder: der Elch.

TIPP

Im Dezember wird im Skansen das Luciafest gefeiert. Dann erleuchten Kerzen und Fackeln das Gelände, zieht der Duft von Glögg und Grillwürsten zwischen den alten Häusern hindurch. Und natürlich wird auch gesungen, www.skansen.se

Schiffsanleger vor der Kulisse der Altstadt (1). Die Altstadt heißt Gamla stan und ist Ziel vieler Touristen (2). Das Kriegsschiff »Vasa« sank bei seiner Jungfernfahrt 1628 (3).

3.2 MUSEEN Vielfältig und modern

In Stockholm kann eine Reihe interessanter Museen besucht werden. Im Nationalmuseum werden vor allem internationale Klassiker gezeigt, während sich das Moderna Museet der internationalen Kunst ab dem 20. Jahrhundert verschrieben hat. Im Fotografiska widmet man sich der zeitgenössischen Fotografie und im Vasa-Museum einem hölzernen Kriegsschiff, das bei seiner Jungfernfahrt 1628 gleich im Hafen kenterte – und 333 Jahre später gehoben wurde.

TIPP

Waterloo war 1974 für die schwedische Popgruppe Abba keineswegs der Untergang, sondern der Durchbruch. Dem Abba-Mysterium wird im gleichnamigen Museum nachgegangen, www.abbathemuseum.com

3.3 SÖDERMALM Bummeln mit Aussicht

Stockholms Altstadt, die Gamla stan, ist mit ihren schmalen Gassen und alten Häusern ein Muss. Wenn man dann jedoch genug hat von den Touristenmassen, lohnt der kurze Spaziergang in den Stadtteil Södermalm. Hier genießt man nicht nur eine prächtige Aussicht auf das Zentrum der schwedischen Hauptstadt, sondern lernt das andere Stockholm mit trendigen Shops, spannender Architektur und hübschen kleinen Parks kennen. Und kommt vielleicht auch mit ein paar Einheimischen ins Gespräch.

TIPP

In SoFo, dem Viertel südlich der Folkungagata, kann man von Café zu Café schlendern und sich in den zahlreichen Shops von individuell designter Mode und Accessoires begeistern lassen, www.visitstockholm.com

INFORMATIONEN ZUR ANREISE

ÖSTERREICH

Wien Direktflug von Frankfurt nach Wien 1 Stunde und 25 Minuten
Infos unter www.wien.info

Wachau Direktflug von Frankfurt nach Linz 1 Stunde und 5 Minuten
Infos unter www.niederoesterreich.at

Neusiedler See Direktflug von Frankfurt nach Linz 1 Stunde und 5 Minuten, weiter mit dem Mietwagen
Infos unter www.neusiedlersee.com

SCHWEIZ

Basel Der EuroAirport Basel Mulhouse Freiburg liegt 6 km nordwestlich von Basel und ist mit Bus 50 mit dem Zentrum verbunden, die Flugzeit ab Frankfurt beträgt etwas weniger als 1 Stunde, Infos unter www.basel.com

Zürich Der Flughafen Zürich liegt 13 km nördlich von Zürich und ist mit einer Vielzahl an Zügen mit dem Zentrum angebunden, die Flugzeit ab Frankfurt beträgt 1 Stunde, Infos unter www.zuerich.com

Genf/Genfersee Der Aéroport International de Genève liegt 4 km westlich von Genf und ist per Trolleybus mit dem Zentrum angebunden, die Flugzeit ab Frankfurt beträgt 1 Stunde und 15 Minuten, Infos unter www.geneve.com

Tessin Der Lugano Airport liegt 3 km westlich von Lugano, wird allerdings nicht mit Linienverbindungen angeflogen. Daher empfiehlt sich die Anreise via Zürich (s.o.) und weiter mit Zug oder Mietwagen nach Lugano, www.ticino.ch, www.luganoregion.com

ITALIEN

Ligurien Direktflug von Frankfurt nach Genua 1 Stunde und 15 Minuten
Infos unter www.ligurien-info.de, www.enit.de

Trentino Direktflüge von Köln/Bonn nach Verona 1 Stunde 20 Minuten, weiter mit dem Mietwagen, mit dem Auto von Frankfurt aus ca. 7,5 Stunden, mit dem Zug ca. 9 Stunden
Infos unter www.enit.de

Rom Direktflug von Frankfurt nach Rom 1 Stunde und 50 Minuten
Infos unter www.enit.de, www.rom-reiseinfo.de

Triest Direktflug von Frankfurt nach Venedig 1,5 Stunden, weiter mit dem Mietwagen
Infos unter www.enit.de

KROATIEN

Dubrovnik Direktflug von Frankfurt nach Dubrovnik 1 Stunde und 50 Minuten
Infos unter www.croatia.hr

Plitwitzer Seen Direktflug von Frankfurt nach Zagreb 1 Stunde 25 Minuten, weiter mit dem Mietwagen ca. 2 Stunden
Infos unter www.np-plitvicka-jezera.hr

SPANIEN

Barcelona Flugzeit zum Airport Barcelona El Prat ab Frankfurt 2 Stunden, Infos unter www.barcelonaturisme.com, www.spain.info

Bilbao Flugzeit zum Airport Bilbao ab Frankfurt 2 Stunden
Infos unter www.bilbaoturismo.net

Palma de Mallorca Flugzeit zum Flughafen Palma de Mallorca ab Frankfurt ca. 2 Stunden
Infos unter www.mallorca-erleben.info

PORTUGAL

Lissabon Flugzeit zum Airport Lissabon ab Frankfurt 3 Stunden, www.visitlisboa.com, www.visitportugal.com

Porto Flugzeit zum Airport Porto ab Frankfurt 3 Stunden, www.visitporto.travel, www.visitportugal.com

FRANKREICH

Straßburg Fahrtzeit mit dem ICE ab Frankfurt: 2 Stunden
Infos unter www.otstrasbourg.fr/de, de.france.fr/de

Paris Flugzeit nach Paris Charles de Gaulle 1 Stunde und 20 Minuten, Fahrtzeit mit dem ICE ab Frankfurt nach Paris Est: 4 Stunden
Infos unter www.parisinfo.com, de.france.fr/de

Bretagne Von Düsseldorf, Hamburg, Berlin und München gibt es Direktflüge nach Nantes sowie von Straßburg nach Rennes. Umsteigeflüge führen von Deutschland über Paris Charles-de-Gaulle in die Bretagne. Von Paris weiter mit dem TGV (1,5 Stunden bis Rennes), Infos unter www.bretagne-reisen.de

Provence Fahrtzeit mit dem ICE ab Frankfurt nach Marseilles: 7 Stunden 50 Minuten (ohne Umsteigen), Flugzeit nach Marseilles 1 Stunde 40 Minuten.
Infos unter www.marseille-tourisme.com, www.myprovence.fr

BELGIEN

Brüssel Fahrtzeit mit dem ICE ab Frankfurt nach Bruxelles Mid ca. 3 Stunden 20 Minuten, Flugzeit nach Brüssel Zaventem 1 Stunde, www.visit.brussels.com

Brügge und Gent Ein Flug von Frankfurt nach Brüssel dauert 55 Minuten, www.brusselsairport.be. Mit dem IC der Bahn dauert es nochmals 50 Minuten bis zum Hauptbahnhof Gent bzw. 90 Minuten bis Brügge, www.thetrainline.com.

NIEDERLANDE

Amsterdam Fahrtzeit mit dem ICE ab Frankfurt nach Amsterdam Centraal: 4 Stunden, Flugzeit nach Amsterdam Schiphol 1 Stunde. www.iamsterdam.com, www.holland.com

Zeeland Fahrtzeit mit dem ICE ab Frankfurt nach Middelburg 5 Stunden, Flugzeit nach Amsterdam Schiphol 1 Stunde, Weiterreise nach Middelburg per Bahn 2 Stunden, mit dem Auto ca. 2 Stunden 50 Minuten www.vvvzeeland.nl, www.holland.com

POLEN

Krakau Direktflug von Frankfurt nach Krakau Flughafen Johannes Paul II. Krakau-Balice 1 Stunde 30 Minuten Infos unter www.krakow.pl/krakau_weltoffene_stadt, www.krakau-reisefuehrer.de

Danzig Direktflug von Frankfurt nach Danzig Lech-Wałęsa-Flughafen 1 Stunde und 30 Minuten Infos unter www.gdansk.pl/de/, visitgdansk.com/de/

Masuren Flüge von Bremen, Dortmund oder Köln zum Flughafen Olsztyn-Mazury/Szymany 1 Stunde 45 Minuten (keine Direktflüge ab Frankfurt) Alternativ Direktflug von Frankfurt nach Warschau, 1 Stunde und 40 Minuten Infos unter www.masuren-online.de, www.ermland-masuren-journal.de

TSCHECHIEN

Prag Der Václav-Havel-Flughafen liegt 15 km westlich vom Zentrum. Der Bus 119 führt zur Endstation der Metro-Linie A, die bis ins Zentrum führt (zusammen etwa 40 Min). Die Flugzeit ab Frankfurt beträgt etwas über 1 Stunde Infos unter www.prag-infos.de

Karlsbad Der Flughafen Karlsbad liegt 5 km südöstlich vom Zentrum, wird allerdings nur mit einer Linienverbindung von Moskau aus angeflogen. Daher empfiehlt sich die Anreise via Prager Flughafen und weiter mit dem Mietwagen Infos unter www.karlovyvary.cz/de

Mähren/Brünn Der Flughafen Brünn-Tuřany liegt 7 km südöstlich vom Zentrum. Der Bus 76 führt bis zum Hauptbahnhof. Der Flughafen wird direkt ab Berlin angeflogen, die Flugzeit beträgt 1 Stunde und 10 Minuten. Alternativ ist Brünn auch vom 150 km entfernten Flughafen Wien (siehe Reiseinfos zu Wien) aus zu erreichen, dann weiter per Mietwagen Infos unter www.czechtourism.com

UNGARN

Budapest Der Ferenc Liszt Airport liegt 16 km südöstlich vom Zentrum. Der Bus 100E bringt Reisende ins Zentrum, Bus 200E alternativ bis zur nächsten Metrostation. Die Flugzeit ab Frankfurt beträgt 1 Stunde und 30 Minuten Infos unter www.budapest.com

Plattensee Der Hévíz-Balaton Airport (Flybalaton) in Sármellék liegt westlich des Plattensees, wird derzeit nur im Rahmen von Kurreiseangeboten angeflogen. Günstige Flüge gibt es nach Budapest und dann in weniger als 2 Stunden mit dem Mietwagen, Bus oder Zug zum See Infos unter www.balaton.net oder www.balaton-service.de

GROSSBRITANNIEN

Cornwall Frankfurt/M – London, Direktflug 1,5 Stunden, Weiterflug (45 Minuten) nach Newquay, Direktflüge nach Newquay ab Düsseldorf in 1 Stunde 40 Minuten Infos unter www.visitbritain.de

London Von Frankfurt aus fliegen Lufthansa und British Airways zum Flughafen Heathrow im Westen der Stadt und Ryanair zum Flughafen Stansted im Nordosten von London. Diverse andere deutsche Flughäfen bieten Flüge nach London zu den Flughäfen Stansted, Gatwick und Luton an. Die Anreise per Bahn mit Eurostar über Paris oder Brüssel kann sich je nach Startpunkt lohnen! Allgemeine Reiseinfos für London auf der offiziellen Besucherseite visitlondon.com.

Jersey Direktflug von Düsseldorf nach Jersey 1 Stunde 30 Minuten Infos unter www.jersey.com

Edinburgh Direktflug von Frankfurt nach Edinburgh 1 Stunde 55 Minuten. Allgemeine Reiseinfos unter www.visit-scotland.com

IRLAND

Dublin Der Direktflug von Frankfurt nach Dublin dauert 2 Stunden Infos unter www.ireland.com

Galway Direktflug von Frankfurt nach Dublin 1 Stunde 40 Minuten, weiter mit dem Mietwagen nach Galway ca. 2 Stunden 40 Minuten Infos unter www.ireland.com

SKANDINAVIEN

Kopenhagen Die Flugzeit von Frankfurt nach Kopenhagen beträgt 80 Minuten, www.cph.dk. Von dort aus geht es bequem in knapp 15 Minuten mit der Linie M2 der Metro mitten ins Zentrum, www.intl.m.dk

Oslo Die Flugzeit von Frankfurt nach Oslo dauert rund 2 Stunden, www.visitoslo.com

Stockholm Von Frankfurt nach Stockholm fliegt man ebenfalls in etwa 2 Stunden, www.visitstockholm.com

REGISTER

IMPRESSUM

Verantwortlich: Claudia Hohdorf
Redaktion und Bildauswahl: Daniela Wilhelm-Bernstein
Layout: Reemers Publishing Services GmbH
Umschlaggestaltung: Ralph Hellberg
Repro: LUDWIG:media
Kartografie: Kartographie Huber, Heike Block
Herstellung: Bettina Schippel
Printed in Italy by Printer Trento

★★★★★

Sind Sie mit diesem Titel zufrieden? Dann würden wir uns über Ihre Weiterempfehlung freuen. Erzählen Sie es im Freundeskreis, berichten Sie Ihrem Buchhändler oder bewerten Sie bei Onlinekauf. Und wenn Sie Kritik, Korrekturen, Aktualisierungen haben, freuen wir uns über Ihre Nachricht an: Bruckmann Verlag, Postfach 40 02 09, D-80702 München oder per E-Mail an: lektorat@verlagshaus.de.

Unser komplettes Programm finden Sie unter  www.bruckmann.de

Alle Angaben dieses Werkes wurden von den Autoren sorgfältig recherchiert und auf den neuesten Stand gebracht sowie vom Verlag geprüft. Für die Richtigkeit der Angaben kann jedoch keine Haftung übernommen werden, weshalb die Nutzung auf eigene Gefahr erfolgt. Insbesondere bei GPS-Daten können Abweichungen nicht ausgeschlossen werden. Sollte dieses Werk Links auf Webseiten Dritter enthalten, so machen wir uns die Inhalte nicht zu eigen und übernehmen für die Inhalte keine Haftung.

In diesem Buch wird aus Gründen der besseren Lesbarkeit das generische Maskulinum verwendet. Weibliche und anderweitige Geschlechteridentitäten werden dabei ausdrücklich mitgemeint, soweit es für die Aussage erforderlich ist.